DE L'ACCESSION

COMMENTAIRES DE LA LOI DU 30 JUIN 1838

RELATIVE AUX

ALIÉNÉS

THÈSE POUR LE DOCTORAT

PRÉSENTÉE

A LA FACULTÉ DE DROIT DE NANCY

PAR

Armand BLUME

Avocat

NANCY

IMPRIMERIE NANCÉIENNE, 1, RUE DE LA PÉPINIÈRE

1883

DE L'ACCESSION

COMMENTAIRES DE LA LOI DU 30 JUIN 1838

RELATIVE AUX

ALIÉNÉS

THÈSE POUR LE DOCTORAT

PRÉSENTÉE

A LA FACULTÉ DE DROIT DE NANCY

PAR

Armand-Émile-Louis BLUME

Avocat

L'Acte public sur les matières ci-après sera présenté et soutenu
le Vendredi 26 Janvier 1883, à 4 heures du soir.

Président : M. Blondel, *Professeur.*

Suffragants { MM. Liégeois, Lombard (Paul), } *Professeurs.* { Chavegrin, Bourcart, } *Agrégés.*

*Le Candidat répondra, en outre, aux questions qui lui seront
faites sur les autres matières de l'enseignement.*

NANCY

IMPRIMERIE NANCÉIENNE, 1, RUE DE LA PÉPINIÈRE

1883

FACULTÉ DE DROIT DE NANCY

MM. LEDERLIN, I ❦, — Doyen, Professeur de Droit romain (2ᵉ chaire), autorisé à faire le cours de Pandectes, et Chargé du cours de Droit français étudié dans ses origines féodales et coutumières.

JALABERT, ✳, I ❦, — Doyen honoraire.

LOMBARD (A.), I ❦, — Professeur de Droit commercial et Chargé du cours de Droit des gens.

LIÉGEOIS, I ❦, — Professeur de Droit administratif et Chargé du cours d'Histoire du Droit romain et du Droit français.

BLONDEL, A ❦, — Professeur de Code civil (2ᵉ chaire), et Chargé du cours de Droit constitutionnel.

BINET, A ❦, — Professeur de Code civil (3ᵉ chaire), et chargé du cours de Droit civil approfondi dans ses rapports avec l'Enregistrement.

LOMBARD (Paul), A❦, — Professeur de Code civil (1ʳᵉ chaire).

GARNIER. — Professeur d'Économie politique.

MAY, — Professeur de Droit romain.

CHAVEGRIN, — Agrégé, Chargé du cours de Droit international privé.

GARDEIL, — Agrégé, Chargé du cours de Droit criminel.

BEAUCHET, — Agrégé, chargé du cours d'Histoire générale du Droit français public et privé et du cours de Procédure civile,

BOURCART, — Agrégé, Chargé du cours de Pandectes, autorisé à faire le cours de Droit romain (2ᵉ chaire).

M. LACHASSE, I ❦, — Docteur en Droit, Secrétaire, Agent comptable.

A MON PÈRE

A MA MÈRE

A MES PARENTS

A MES AMIS

BIBLIOGRAPHIE

Accarias, *Précis de droit romain*, t, I, p. 599.

Benech, *Cours de droit romain*, 2ᵉ partie, p. 22.

Demangeat, *Cours élémentaire de droit romain*, t. I, p. 439.

Du Caurroy, *Institutes de Justinien*, t. I, p. 236.

Étienne, *Institutes de Justinien*, t. I, p. 227.

Fresquet, *Traité élémentaire de droit romain*, t. I, p. 266.

Hugonis Donelli, *Opera omnia*, t. I, p. 866.

Lariche, *Explication des Institutes de Justinien*, t. I, p. 361.

Mackeldey, *Manuel de droit romain*, p. 141.

Maynz, *Droit romain*, t. I, p. 596.

Muhlenbruch, *Doctrina Pendectarum*, t. II, p. 74.

Ortolan, *Explication historique des Institutes de Justinien*, t. II, p. 265.

Pellat, *Propriété et usufruit*, p. 23.

POTHIER, *Œuvres annotées par M. Bugnet*, t. IX, p. 150.

POTHIER, *Pandectæ Justinianeæ*, t. III, p. 4.

VAN WETTER, *Cours élémentaire de droit romain*, t. I, p. 405.

WARNKŒNIG, *Commentarii juris romani privati*, t. I, p. 357.

INTRODUCTION

En droit français, cela est incontestable, l'accession est un mode d'acquérir la propriété (art. 712). En était-il de même en droit romain ? Telle est la question qui, jusqu'à ces derniers temps, était résolue sans discussion dans le sens de l'affirmative, mais qui, depuis, a divisé les interprètes du droit romain, et a donné lieu entre eux aux plus vives controverses.

En l'état actuel, on peut ramener à trois systèmes principaux tous ceux qui ont été proposés sur la matière.

Le premier consiste à prétendre que l'accession était un mode d'acquérir la propriété.

Dans une deuxième opinion, on admet que l'accession tantôt était un mode d'acquérir, tantôt n'en était pas un.

Les partisans d'un troisième système, enfin, soutiennent que l'accession n'était jamais un mode d'acquérir la propriété.

Nous allons examiner successivement les trois théories auxquelles a donné lieu la question de l'accession.

PREMIER SYSTÈME

L'accession était, chez les Romains, un mode naturel d'acquérir, comme l'occupation.

Ce système est soutenu, en France, particulièrement par M. Ortolan. Selon cet auteur, les jurisconsultes romains, sans doute, n'ont jamais donné au mot *accessio* le sens que nous donnons actuellement au mot accession; par ce mot d'*accessio*, ils entendaient non pas le fait de la réunion, mais la chose réunie, la chose accessoire. Mais s'ils n'ont pas eu de mot spécial pour désigner ce fait de la réunion, il n'en est pas moins vrai qu'ils l'ont connu et qu'ils lui ont attribué le même résultat qu'à un mode d'acquérir.

Et d'abord, il est incontestable que la maxime : *Accessio cedat principali*, reçoit son application en matière de contrats ou de dispositions par legs (1). La même maxime se retrouve encore lorsqu'il s'agit non plus des contrats, mais des conséquences de la propriété ou de son acquisition. « Omne quod inædificatur solo cedit. — Superficies solo cedit. — Plantæ quæ terra coalescunt solo cedunt. — Litteræ quoque, licet aureæ sint, chartis membranisque cedunt. — Quæcumque aliis juncta, sive adjecta accessionis loco cedunt, ea quamdiù cohærent, dominus vindicare non potest, etc. »

Tout cela, dit M. Ortolan, laisse hors de doute que la règle générale et naturelle *accessio cedat principali*, était reçue et proclamée par les Romains, en termes identiques, aussi bien en matière de propriété qu'en matière de contrats ou de dispositions.

Il est facile, en outre, de montrer qu'il y a une véritable acquisition de propriété non seulement lorsque

____

(1) 19, XXXIV, 2. — 49 et 78, pr. XVIII, 1.

les choses qui ont été jointes par accession n'ont encore appartenu à personne, ou lorsque, ayant déjà fait l'objet d'un droit de propriété, il est impossible à qui que ce soit de faire constater qu'elles lui appartiennent, mais même dans le cas où ces choses appartiennent à autrui.

Supposons, en effet, qu'il y a eu incorporation irrémédiable, que la séparation des deux objets soit impossible : peut-on nier qu'il y ait alors une véritable acquisition de propriété pour le maître de la chose principale ? Il a acquis la chose accessoire parce que cette chose est devenue partie intégrante de la sienne ; le maître de l'objet accessoire a perdu cet objet parce que l'incorporation l'a modifié ou altéré, parce que sa chose a ainsi cessé d'être ce qu'elle était.

Supposons même que la séparation soit possible, mais que des raisons d'utilité publique, d'agriculture, etc., s'y opposent ; dans ce cas encore, l'objet accessoire sera acquis au maître de l'objet principal ; il y aura une sorte d'expropriation forcée établie en sa faveur par le législateur, sauf, il est vrai, une indemnité ; mais cette question d'indemnité est une question tout à fait distincte de celle de l'acquisition de la propriété.

Cette théorie, quelque spécieuse qu'elle puisse paraître au premier abord, ne soutient pas un examen un peu attentif.

Il est certain que, si les jurisconsultes romains avaient considéré l'accession comme un mode spécial d'acquisition de la propriété, ils en auraient au moins

parlé quelque part. Or, les textes nous parlent de l'occupation, de la tradition; ils disent expressément
qu'elles transfèrent la propriété; mais nulle part le
mot *accessio* n'est pris dans un autre sens que dans le
sens concret de chose accessoire.

Rien n'est plus faux, en outre, que de prétendre que
l'acquisition de propriété se produit par le seul fait de
la réunion de l'objet accessoire à l'objet principal.
Ainsi, dans le cas où une personne construit un bâtiment sur son terrain avec les matériaux d'autrui, il y
a bien véritablement là une hypothèse d'accession :
omne quod inædificatur solo cedit, et cependant il est
impossible d'y trouver un mode d'acquérir la propriété, puisque Justinien prend soin de nous dire lui-
même que celui qui avait la propriété des matériaux
ne la perd pas, mais qu'il ne pourra les revendiquer
que si plus tard l'édifice vient à être détruit : « Nec
» tamen ideo is qui materiæ dominus fuerat, desinit
» dominus ejus esse..... Sed si aliqua ex causa dirutum
» sit ædificium, poterit materiæ dominus, si non fuerit
» duplum jam persecutus, tunc eam vindicare et ad
» exhibendum de ea re agere » (1).

Cette seule objection suffit pour ruiner le système
que M. Ortolan a adopté après Pothier et un grand
nombre des commentateurs de notre ancien droit.

______

(1) Inst. II, 1, § 29.

DEUXIÈME SYSTÈME

Dans ce système, on prétend que l'accession tantôt est un mode d'acquérir la propriété, tantôt n'en est pas un. Nous le trouvons exposé dans un ouvrage de M. Lariche, qui argumente de la façon suivante (1).

Deux choses ont été jointes, mais, malgré leur réunion, chacune d'elles a conservé son existence distincte et leur séparation peut facilement être opérée. Ainsi, un bras d'airain a été joint à une statue d'airain par le moyen de la *plumbatura* ou soudure au plomb. Dans ce cas, chacun des propriétaires conserve sa propriété distincte, et chacun d'eux pourra intenter l'action *ad exhibendum* et l'action en revendication. Il est évident que, dans cette hypothèse, l'accession ne peut pas être considérée comme un mode d'acquérir la propriété.

Mais supposons, au contraire, que le bras ait été joint à la statue non plus par le moyen de la *plumbatura*, mais au moyen de la *ferruminatio*, c'est-à-dire que les deux objets aient été joints sans emploi d'aucun métal étranger, et sans qu'il soit possible de reconnaître le point de jonction. Dans ce cas, la chose principale a absorbé complètement la chose accessoire, et le maître de la chose absorbante est devenu propriétaire de l'objet total, puisqu'aucune revendication n'est possible contre lui. Dans cette dernière hypothèse, par conséquent, l'accession est bien véritablement un mode d'acquisition.

____

(1) Explication des Institutes, t. I, p. 362.

Le système éclectique que nous venons d'exposer n'est pas plus fondé que la théorie de M. Ortolan.

En effet, dans l'hypothèse de la *ferruminatio*, le bras d'airain, la chose accessoire, a perdu son individualité précisément parce qu'il n'est plus possible de reconnaître le point de jonction : il est *res extincta ;* or, *res extinctæ vindicari non possunt.* La destruction de l'ancien objet a donné naissance à une *nova species* dont le maître de la chose principale est devenu propriétaire par *occupation.*

TROISIÈME SYSTÈME

Ce troisième système, proposé par M. du Caurroy et adopté aujourd'hui par un très grand nombre d'auteurs, consiste à soutenir que l'accession n'était pas un mode d'acquisition de la propriété en droit romain.

C'est à ce dernier système que nous nous rallions. Nous pensons que toutes les hypothèses d'accession peuvent se rattacher soit à la *lex*, soit à l'*occupation* : à la *lex* lorsque c'est le législateur qui, par suite de considérations tirées de l'intérêt des villes ou des campagnes, a ordonné lui-même que la propriété fût perdue pour le maître d'une des choses et acquise au maître de l'autre ; à l'*occupation* dans tous les autres cas.

La supériorité de cette théorie sur les deux précédentes s'établira par l'examen successif des hypothèses réunies par les textes sous le terme d'accession.

TITRE I

ACCESSION EN MATIÈRE IMMOBILIÈRE

CHAPITRE I

ACCESSION RÉSULTANT DU VOISINAGE

DES COURS D'EAU

SECTION I

Alluvion.

L'alluvion consiste dans l'accroissement insensible d'un champ situé au bord d'un cours d'eau, soit par suite du dépôt de parcelles de limon charriées par la rivière, soit par suite du retrait des eaux qui, en diminuant, laissent à découvert une partie plus ou moins considérable de terrain, en sorte qu'on ignore précisément la quantité et le temps de l'accroissement qui est survenu (1).

L'alluvion appartient au propriétaire du champ sur lequel il se produit ; car, la provenance n'en étant pas connue, nul autre que lui ne pourrait établir qu'il en est propriétaire.

(1) Inst. II, 1, § 20. — Dig. 7, § 1, XLI, 1. — G., Inst. II, § 70.

Les lacs et les étangs constituent une propriété distincte ; même quand ils se dessèchent, ils gardent leurs
limites ; aussi n'y avait-il point, par rapport à eux, de
droit d'alluvion ou d'accroissement (1).

Nous avons vu que l'alluvion devient la propriété
du riverain ; cela n'est vrai que lorsque le champ qui
borde le cours d'eau est un *ager non limitatus* ou *arci-
finalis*. Il en est autrement lorsqu'il s'agit d'un *ager
limitatus ;* dans ce cas l'alluvion ne peut avoir lieu (2);
mais alors à qui profitera-t-il ? Les interprètes sont en
désaccord sur ce point ; selon quelques-uns, ce serait à
l'État ; selon d'autres, ce serait au premier occupant (3).

On appelait *agri limitati* les parties du territoire
conquis vendues (*quæstorii*), ou concédées (*assignati*
ou *divisi*) après une limitation solennelle. Sous Justinien, la distinction des propriétés en *agri limitati* et en
agri non limitati a disparu ; le paragraphe XX des
Institutes, en ne la faisant pas, indique que tous les
fonds sont susceptibles d'être accrus par alluvion.

SECTION II

De l'avulsion.

L'avulsion diffère de l'alluvion en ce que l'accroissement, au lieu d'être successif et lent, est, au contraire,

______

(1) 12, pr. XLI, 1.
(2) 16, XLI, 1.
(3) Accarias, *Droit romain,* t. 1, p. 605, note 2.

subit. Elle a lieu lorsqu'une portion de terrain facilement reconnaissable est entraînée par la violence des eaux d'un fonds supérieur vers un fonds inférieur auquel elle vient s'incorporer.

Quels sont les droits du propriétaire du fonds inférieur ? Et d'abord, si des arbres ont été entraînés avec la portion de terrain qui est venue se joindre à son fonds, il est certain qu'ils continuent d'appartenir à l'ancien maître qui peut les revendiquer, mais seulement tant qu'ils n'ont pas poussé leurs racines dans ce fonds.

En ce qui concerne la portion de terrain détachée, une vive controverse s'est élevée entre les interprètes du droit romain. La difficulté provient de ce que le texte de Gaïus, du Digeste (1), qui correspond à celui des Institutes, a deux leçons différentes. La Florentine, en effet, porte : *ex eo tempore videtur meo fundo adquisita esse*, tandis que la Vulgate porte : *ex eo tempore videntur meo fundo adquisitæ esse*. Ainsi, d'après le premier texte, ce serait la propriété de la portion de terrain qui serait perdue pour l'ancien propriétaire ; d'après le second, ce serait seulement la propriété des arbres.

De ces deux textes, nous croyons que le seul véritable est le deuxième et, selon nous, la version qu'il donne est la seule qu'on puisse adopter.

En premier lieu, le système contraire met Gaïus en désaccord complet avec lui-même. Nous lisons, en

____

(1) 7, § 2, XLI, 1.

effet, dans les Institutes de Gaïus, au chap. II, § 71, le texte suivant : « Quod si flumen partem aliquam ex » tuo prædio detraxerit et ad meum prædium attulerit, » hæc pars tua manet. »

En outre, le système que nous adoptons a cet avantage d'être une conséquence naturelle de cette opinion bien connue des jurisconsultes romains, à savoir que les arbres, tirant toute leur nourriture par leurs racines, appartiennent au propriétaire du terrain dans lequel ils prennent leur substance.

Ainsi nous pensons que, dans le cas qui nous occupe, le propriétaire du fonds inférieur n'acquerra pas la propriété de la portion de terrain déplacée, à moins toutefois qu'il n'y ait eu confusion, et qu'il acquerra seulement la propriété des arbres et encore à condition qu'ils aient poussé leurs racines dans son champ.

SECTION III

De l'île.

Les îles qui se forment dans la mer sont *res nullius* et appartiennent au premier occupant ; car non seulement la mer est commune, mais encore les rivages de la mer sont communs (1).

Celles qui se forment dans les fleuves peuvent aussi

____

(1) Institutes, liv. II, t. I, § 22.

être *res nullius* ; c'est ce qui arrive lorsque les propriétés riveraines sont des *agri limitati*.

Quant aux îles qui se forment en face des *agri arcifinii*, leur propriété est attribuée aux propriétaires riverains de la façon suivante. On suppose une ligne médiane qui coupe le fleuve dans sa longueur et toujours parallèle aux rives. Si l'île est née d'un seul côté de cette ligne, elle appartient exclusivement aux riverains qui sont du même côté qu'elle et qui ont droit chacun à la portion comprise entre les perpendiculaires abaissées des extrémités de leurs champs sur la ligne médiane (1). Si l'île est traversée par cette ligne, les propriétaires riverains acquièrent la propriété de la partie qui se trouve en deçà de la ligne par rapport à eux, d'après le procédé que nous venons d'indiquer plus haut (2). Dans tous les cas il ne peut être question de propriété indivise et chaque riverain acquiert divisément la part qui lui revient.

Quel est le motif pour lequel cette attribution de propriété est faite? Selon certains interprètes, il y aurait là une véritable donation faite par l'État, qui abandonne cette portion de territoire aux riverains comme une sorte d'alluvion (3); ce système s'appuie sur un certain nombre de textes d'après lesquels, les fleuves étant publics, l'île qui s'y forme doit être publique aussi et, par conséquent, appartenir à l'État (4).

(1) 29, XLI, 1.
(2) Gaïus, II, § 72.
(3) Fresquet, *Cours de droit romain*, t. I, p. 272.
(4) 65, 4, XLI, 1, Digeste.

Dans un second système, on prétend que si le fleuve est public, ce n'est qu'en raison des besoins de la navigation, mais qu'en tous cas le lit du fleuve est du domaine privé; si le propriétaire riverain ne peut exercer son droit, ce droit n'en existe pas moins, bien que paralysé. De sorte que, quand son terrain n'est plus couvert ou bordé par les eaux, il semble moins acquérir un droit nouveau que reprendre la jouissance d'une ancienne propriété, *quia populus eo jam non utitur* (1). (30, 1, XLI, 1).

Dans le cas où l'île s'est formée d'un seul côté de la ligne médiane, si une seconde île se forme entre la première et la rive opposée dans le plus large bras du fleuve, les propriétaires de la première île acquerront la seconde chacun en proportion de la part qu'il avait dans la première et non en proportion de la longueur du fonds grâce auquel il a acquis cette première île (2).

Si une île s'est formée dans un fleuve de mon côté, le long du terrain que j'ai auprès de la rive, et si cette île, qui n'excédait pas d'abord la longueur de mon terrain, s'est ensuite accrue par alluvion en dessus et en dessous de mon bien, la partie ajoutée m'appartient, quand même cette augmentation de l'île se trouverait le long de la face de mes voisins supérieurs ou inférieurs ou aurait approché l'île des terrains qui sont de l'autre côté du fleuve (3).

----

(1) Du Caurroy, Institutes de Justinien, t. I, n° 355.
(2) 65, 3, XLI, 1.
(3) 56, *eod. tit.*

Outre les îles formées par voie de dessèchement et d'atterrissement dont nous venons de parler, il y a encore deux autres espèces d'îles : l'île formée par un nouveau bras du fleuve qui entoure un terrain et l'île flottante.

Pour les îles de la première espèce. il n'y a aucune raison pour qu'elles changent de propriétaires ; c'est ce que nous apprennent, Justinien dans ses Institutes (1), et Gaïus dans un passage rapporté au Digeste (2). « Quod si uno latere perruperit flumen, » et alia parte novo rivo fluere cœperit, deinde infra » novus iste rivus in veterem se converterit: ager » qui a duobus rivis comprehensus, in formam insulæ » redactus est, ejus est scilicet, cujus et fuit. »

Quant à l'île flottante, formée de broussailles et de branchages et non adhérente au sol, elle participe de la nature du fleuve ; le fleuve étant public, elle est publique aussi : « Si qua insula in flumine publico, » proxima tuo fundo nata est: ea tua est. Paulus: » Videamus, ne hoc falsum sit de ea insula, quæ non » ipsi alveo fluminis cohæret, sed virgultis aut alia » qualibet levi materia ista sustinetur in flumine, ut » solum ejus non tangat, atque ipsa movetur. Hæc » enim propemodum publica, atque ipsius fluminis est » insula (3). »

---

(1) Inst. II, 1, § 22.
(2) 7, § 4, XLI, 1.
(3) 65, § 2, XLI, 1.

SECTION IV

Du lit abandonné.

A Rome, on distinguait les cours d'eau en *flumina perennia* et en *flumina torrentia* ; les premiers étaient ceux qui avaient un cours continuel ; les seconds ceux qui ne coulaient que pendant l'hiver.

Pour ces derniers, pas de difficulté : leur lit appartient pour moitié aux propriétaires des deux rives.

En ce qui concerne les *flumina perennia*, la question est plus difficile sinon pour l'attribution de propriété après le dessèchement du fleuve, du moins pour le motif de cette attribution.

Le lit abandonné par le fleuve qui a pris un autre cours appartient aux riverains en raison de l'étendue du terrain que chacun possède le long de la rive. C'est là un point hors de doute.

Mais quel est le motif pour lequel les riverains ont droit à la propriété du lit du fleuve ?

Le doute provient de ce que les interprètes, ainsi que nous l'avons vu, sont en désaccord sur le point de savoir si le lit du fleuve était public ou privé.

C'est qu'en effet Gaïus dit d'une façon positive que le lit participe de la nature du fleuve, qu'il est public (1). Par conséquent, d'après ce jurisconsulte, c'est

---

(1) 7, § 5, XLI, I.

l'État qui en fait l'attribution aux riverains ; il ne leur appartient pas de plein droit.

Pomponius, d'un autre côté, affirme tout aussi formellement que le lit est la propriété des riverains, mais qu'ils ne peuvent exercer leurs droits sur lui que parce que l'intérêt général exige que l'usage en soit public. Il en résulte que, lorsque le fleuve se retire, ils ne font que rentrer dans la possession d'un droit dont l'exercice était momentanément suspendu. Le texte de Pomponius, dont il est ici question, est rapporté au Digeste, au titre *De aquirendo rerum dominio* (30, 1). « Celsus filius, si in ripa fluminis, quæ secun-
» dum agrum meum sit arbor nata sit, meam esse aït :
» quia solum ipsum meum privatum est, usus autem
» ejus publicus intelligitur : et ideo, cum exsiccatus
» esset alveus, proximorum fit : quia jam populus eo
» non utitur. »

On peut supposer que le fleuve, après avoir quitté son nouveau lit, reprenne celui qu'il avait quitté ; à qui sera attribuée la propriété du nouveau lit ? Les deux jurisconsultes romains, par la logique de leurs systèmes, sont en désaccord aussi sur ce point.

Pomponius, supposant qu'un terrain situé entre un grand chemin et un fleuve a été couvert d'eau par l'inondation du fleuve, et que, plus tard, celui-ci vient à se retirer, décide que le terrain qui avait été inondé reste à son ancien maître par cette raison que, dès que le fleuve s'est retiré, le lit est redevenu particulier. « Flumina enim, ajoute-t-il, censitorum vice fungun-

» tur, ut ex privato in publicum addicant et ex pu-
» blico in privatum » (1).

Gaïus, dans la même hypothèse, prétend au contraire que le nouveau lit abandonné par les eaux doit
être partagé entre les propriétaires qui ont des terrains
le long de la rive. Il se demande ensuite ce qu'il faut
décider à l'égard de celui dont la rivière a pris toute la
terre pour se faire un nouveau lit, dans ce même cas
où les eaux se retireraient ensuite. Il décide que le
propriétaire de ce terrain ne peut rien réclamer et que
sa terre doit être attribuée aux riverains, et la raison
qu'il donne est celle-ci : « Quia et ille ager, qui fuerat,
» desiit esse, amissa propria forma; et quia vicinum
» prædium nullum habet, non potest ratione vicini-
» tatis ullam partem in eo alveo habere. Sed vix est
» ut obtineat » (2).

Justinien, dans ses Institutes (3), ne rapporte que
l'opinion de Gaïus, qu'il paraît avoir adoptée. Toutefois, il est probable que dans la pratique le système
contraire était appliqué; car Gaïus lui-même, après
avoir donné son avis sur ce point, dit cependant, en
terminant, qu'il serait bien difficile et bien dur de
s'attacher en ce cas à la rigueur du droit.

Nous devons ici faire la même remarque qu'à propos
de la formation des îles dans les fleuves; les propriétaires riverains n'acquièrent le lit abandonné qu'autant que leurs champs sont *arcifinales*, lesquels, n'étant

(1) 30, § 3, XLI, 1.
(2) 7, § 5, *De acq. rer. dom.*
(3) Inst., II, 1, § 22.

pas délimités, sont seuls susceptibles d'accroissement. Quand, au contraire, leurs terrains sont *limitati*, ils ne peuvent rien réclamer, et la portion du lit qui se trouve en face appartient au premier occupant.

SECTION V

Inondation.

Nous venons d'examiner, dans le paragraphe précédent, l'hypothèse dans laquelle un fleuve a abandonné son ancien lit et a pris un autre cours ; ici il s'agit du cas où le fleuve, par suite de la crue de ses eaux, a recouvert des terrains pour un certain temps seulement. La solution est des plus simples : lorsque le fleuve vient à se retirer, le terrain qui avait été inondé continue d'appartenir à son propriétaire ; car, dit Justinien, une inondation ne change pas la nature d'un fonds, « neque enim inundatio fundi speciem commutat » (1). Nous croyons encore pouvoir justifier cette solution par un texte de Pomponius inséré au Digeste (2) ; on a prétendu, il est vrai, que ce texte était relatif au cas du changement de lit d'un fleuve ; nous pensons, au contraire, qu'il s'applique exclusivement à l'hypothèse que nous avons en vue ; le mot *inundatio*, employé par le jurisconsulte (*inundatione flu-*

----

(1) Inst., II, 1, § 24.
(2) 30, § 3, *De acq. rer. dom.*

minis occupatus esset), n'est pas assez général pour avoir la signification qu'on veut lui donner ; il ne peut s'appliquer qu'au cas d'inondation proprement dite, c'est-à-dire seulement lorsque ce n'est que temporairement que les eaux recouvrent un terrain.

CHAPITRE II

ACCESSION RELATIVE AUX CONSTRUCTIONS

PLANTATIONS ET SEMENCES

SECTION I

Accession relative aux constructions.

§ I. — Des constructions faites par une personne sur son terrain avec les matériaux d'autrui.

Une personne construit sur son propre terrain avec les matériaux d'autrui : voilà la première hypothèse faite par les Institutes.

Il faut tout d'abord noter sur cette matière deux points importants :

1º Le propriétaire du sol est et reste propriétaire de l'édifice construit *quia omne quod inædificatur solo cedit.*

2º Celui à qui appartenaient les matériaux qui ont

servi à la construction ne cesse pas d'en être propriétaire (1).

Ces deux propositions qui, au premier abord, sem-
blent impliquer contradiction, se concilient cependant
par une distinction quelque peu subtile.

En effet, le maître du sol est bien propriétaire de
l'édifice dans son ensemble, en tant qu'objet immobi-
lier; mais le maître des matériaux en reste de son côté
propriétaire, en tant qu'objets mobiliers considérés
séparément de l'édifice.

Nous trouvons d'ailleurs cette doctrine établie dans
un passage du Digeste, par Gaïus, qui dit formellement que, quoique l'universalité d'un bâtiment ait été
acquise par la prescription, il ne s'ensuit pas que
chacun des matériaux, en particulier, dont l'édifice
était composé, ait aussi été prescrit. « Causa dubita-
» tionis est, an eo ipso quo universitas ædificii longo
» tempore capta est, singulæ quoque res, ex quibus
» constabat, captæ essent » (2).

Mais alors quel sera le droit du propriétaire des matériaux ? Deux propositions résument cette question ;
nous les trouvons indiquées au § 29, eod. Cap., des Institutes.

1° Tant que les matériaux restent attachés au bâtiment, celui à qui ils appartiennent ne peut ni les
revendiquer, ni intenter à leur sujet l'action *ad exhibendum*; une seule action lui est ouverte, c'est l'action
au double *de tigno juncto*.

(1) Inst., II, 1, § 29.
(2) 7, § 11, XLI, 1.

2° Si, par une cause quelconque, l'édifice venait ensuite à être abattu, le maître des matériaux, s'il n'avait pas encore reçu le double de leur valeur, pourrait les revendiquer et intenter l'action *ad exhibendum.*

Recherchons maintenant les motifs de ces dispositions et demandons-nous à quelles exceptions elles sont soumises. Nous étudierons en même temps la question d'indemnité.

La première a sa source dans la Loi des douze tables : « Tignum junctum ædibus vineæque et concapet ne » solvito » (1). Mais quel est le motif qui a inspiré la décision des législateurs des douze tables ?

Selon certains commentateurs, ce motif serait l'embellissement des cités ; le législateur refuse au propriétaire des matériaux l'action en revendication *ne ruinis urbs deformetur ;* de cette façon il a pourvu aux intérêts des villes, comme il a pourvu aux intérêts des campagnes en refusant la revendication à propos des bois employés pour la culture des vignes (2).

Selon d'autres, la considération à laquelle ont obéi les rédacteurs de la loi décemvirale n'est pas la crainte que la ville fût enlaidie par des démolitions ; ce qui le prouve, c'est qu'ils ont décidé de même à l'égard des échalas d'autrui qu'un propriétaire aurait placés dans ses vignes. La véritable raison de la disposition de la loi des douze tables est celle-ci : la valeur d'une maison comprend non seulement la valeur des maté-

---

(1) Table VI.
(2) Ortolan, Instit. de Just., t. 2, p. 288.

riaux, elle comprend aussi et surtout la valeur de la
main-d'œuvre, du travail qui a été nécessaire pour les
agencer et construire l'édifice. Or la démolition de la
maison entraînerait évidemment la perte de la valeur
de la main-d'œuvre, ce qui serait contraire en même
temps à l'intérêt général et aux véritables principes d'é-
conomie politique. Toutefois, il faut reconnaître que la
raison de l'embellissement de la ville, si elle n'a pas
été prise en considération par les décemvirs, a cependant, plus tard, inspiré un certain nombre de dispositions législatives. Ainsi la loi 7, I, 18, permet au pré-
sident de la province de forcer les propriétaires à faire
des réparations à leurs maisons; de même la loi 2, au
code, VIII, 10, défend de démolir les édifices et d'en
enlever les ornements en marbre, lorsque ces opérations peuvent nuire à l'aspect de la ville et qu'elles
sont faites dans le but d'en retirer un bénéfice pécuniaire (1).

Ainsi, le propriétaire des matériaux ne peut exercer, tant que l'édifice n'est pas démoli, que l'action au
double *de tigno juncto*. Quelques auteurs soutiennent
même qu'elle ne lui était pas accordée dans tous les
cas, mais seulement lorsqu'il s'agissait de *tignum furtivum*, et que, dans l'hypothèse de *tignum non furtivum*, il ne pouvait employer qu'une action *in factum*
destinée à lui faire rendre par le maître de l'édifice
une somme égale à celle dont celui-ci s'était enrichi.
Ils appuient leur opinion sur un texte d'Ulpien, d'après

_____

(1) Accarias, t. I, p. 611, note 3.

lequel la loi des douze tables ne permet pas de détacher d'une maison ni d'une vigne un morceau de bois volé qu'on y aurait employé, ni même de le revendiquer, mais donne seulement une action au double contre celui qui serait convaincu d'avoir fait cette union ; ils prétendent que, puisqu'il n'est question dans ce texte de l'action *in duplum* qu'à propos du *tignum furtivum*, elle ne peut être employée lorsqu'il s'agit de *tignum non furtivum* (1).

Nous croyons que cette conclusion n'est pas exacte et nous ne pensons pas que, de ce que la loi précitée donne l'action *in duplum* dans le cas de *tignum furtivum*, on en puisse conclure qu'elle la refuse dans le cas de *tignum non furtivum*. Nous croyons, au contraire, que l'action au double était accordée au propriétaire des matériaux, qu'il s'agît soit de *tignum furtivum*, soit de *tignum non furtivum*. Nous appuyons notre opinion d'abord sur un texte de Nératius, dont la traduction est ainsi donnée par M. Demangeat, d'après la leçon de la Florentine : « Relativement aux matériaux appartenant à la femme qui ont été employés dans la maison du mari de telle sorte que, détachés, ils seraient encore de quelque utilité, il faut dire que l'action de *tigno juncto* peut être exercée, parce que, en vertu de la loi des douze tables, il n'y a point d'autre action ; et cependant il n'est pas croyable que les décemvirs aient pensé à des personnes qui ont bien voulu que leurs matériaux fussent employés dans la

---

(1) 1, pr. XLVII, 3.

construction faite par autrui » (1). Ainsi, on le voit, il ne peut être question ici de *tignum furtivum*, puisque le jurisconsulte suppose au contraire que la femme a consenti à l'emploi des matériaux, et cependant il lui accorde l'action de *tigno juncto*.

A l'appui de notre système, nous tirons encore argument de deux textes du Digeste, l'un de Paul (2), l'autre de Gaïus (3), qui accordent l'un et l'autre l'action de *tigno juncto* dans l'hypothèse de construction d'un édifice avec les matériaux d'autrui, sans distinguer entre le *tignum furtivum* et le *tignum non furtivum* ; tous deux disent simplement « tignum alienum ædi- » bus junctum. »

Supposons le cas où le constructeur n'est pas le propriétaire du sol ; quel est le droit de celui à qui appartiennent les matériaux ? Il peut exercer l'action de *tigno juncto* contre le constructeur, et si celui-ci est insolvable, il peut alors s'adresser au propriétaire du sol par une action *in factum*, et recourir contre lui jusqu'à concurrence de l'enrichissement que lui a procuré la construction.

Les Institutes ont commis une erreur en affirmant que le propriétaire des matériaux ne peut jamais les revendiquer ni agir *ad exhibendum*. Il le peut, en effet, dans un cas : c'est quand le constructeur a employé de mauvaise foi les matériaux d'autrui ; le résultat que l'on obtiendra ne sera pas la représentation des maté-

____

(1) 63, XXIV, 1.
(2) 23, § 6, VI, 1.
(3) 7, § 10, XLI, 1

riaux isolés, ni la démolition de l'édifice, mais la condamnation du constructeur de mauvaise foi à payer au
maître des matériaux la valeur de ces matériaux, fixée,
sous la foi du serment, par le demandeur lui-même (1).

Lorsque le constructeur a été de mauvaise foi, il est
passible non seulement de l'action de *tigno juncto*,
mais aussi de l'action *ad exhibendum*. « Sed *et* ad
» exhibendum danda est actio » (2). S'il a volé lui-
même les matériaux, il est en outre tenu de l'action
furtiva et de l'action pénale *furti*, qui se cumule avec
les premières. Le propriétaire emploiera l'action *furti*,
qui lui est plus avantageuse puisqu'elle peut se cumu-
ler avec une action *rei* persécutoire, et qu'elle est au
double ou au quadruple, lorsqu'il pourra prouver que
le voleur des matériaux a été le constructeur lui-même ;
il intentera au contraire l'action de *tigno juncto* lorsqu'il pourra seulement justifier du vol des matériaux,
sans qu'il lui soit possible de prouver par qui ce vol a
été commis (3).

Dans notre seconde proposition, nous avons dit que
si, par une cause quelconque, l'édifice venait plus tard
à être démoli, le maître des matériaux pourrait les
revendiquer à la condition qu'il n'ait pas encore été
indemnisé par l'action de *tigno juncto*. Une seule
exception à ce principe est apportée par la loi 43, VI,
1, au Digeste ; d'après ce texte, les pierres qui ont
servi à la construction d'un édifice religieux ne peu-

---

(1) 1, § 2 et 2, XLVII, 3.
(2) 2, eod. tit.
(3) Accarias, *Droit romain*, t. I, p. 612.

vent pas être revendiquées lorsqu'elles en sont sépa-
rées ; celui à qui elles appartenaient n'a qu'une action
in factum ; c'est que, dit Paul, les choses sacrées sont
et restent sacrées et conservent toujours leur caractère
religieux.

§ II. — DES CONSTRUCTIONS FAITES PAR UNE PER-
SONNE AVEC SES MATÉRIAUX SUR LE TERRAIN D'AU-
TRUI.

Faisons maintenant l'hypothèse inverse de celle que
nous venons d'examiner, et supposons qu'un individu
a élevé, avec des matériaux lui appartenant, une construction sur le terrain d'autrui.

Un point bien certain d'abord c'est que, en vertu du
principe que toute construction suit le sol comme
accession, la maison appartient au propriétaire du sol
« Ex diverso, si quis in alieno solo sua materia
» domum ædificaverit, illius fit domus cujus et solum
» est (l). »

Mais quels seront les droits du constructeur? Pourra-
t-il revendiquer les matériaux si la maison vient plus
tard à être démolie ? Aura-t-il, en tous cas, le droit de
réclamer une indemnité au propriétaire du sol ? Pour
résoudre ces questions nous croyons indispensable,
pour la clarté du sujet, de distinguer suivant que le
constructeur était de bonne ou de mauvaise foi et

____

(1) Inst. II, 1, § 30.

d'examiner, dans chacune de ces hypothèses, le cas où il possède encore et celui où il ne possède plus.

§ 1. — *Le constructeur était de bonne foi*.

1° *Il possède encore*. Dans ce cas, si le maître du sol vient à réclamer la construction comme sienne, il sera repoussé par l'exception de dol ; il y aurait, en effet, un véritable dol de sa part à vouloir profiter de l'erreur du constructeur et à lui réclamer, sans lui offrir d'indemnité, son terrain avec l'édifice construit.

Mais il ne pourrait plus être repoussé par cette exception si, disent Gaïus (1) et Justinien (2), il offrait au constructeur le prix des matériaux et de la main-d'œuvre, « pretium materiæ et mercedes fabrorum. » L'affirmation des deux jurisconsultes sur ce point n'est pas tout à fait exacte ; elle ne s'applique qu'au cas le plus ordinaire, c'est-à-dire au cas où la dépense est inférieure à la plus-value ; mais lorsque, au contraire, la plus-value est inférieure à la dépense, le propriétaire peut reprendre sa chose en payant seulement l'équivalent de la plus-value.

D'ailleurs un texte du Digeste nous montre que, dans ces questions, le juge jouissait du plus large pouvoir d'appréciation (3). Le jurisconsulte Celse, à qui est dû ce texte, y examine quelques hypothèses inté-

(1) 7, § 12, XLI, 1.
(2) Inst. II, 1, § 30.
(3) 38, VI, 1.

ressantes. Si le propriéta're eût fait les mêmes dépenses qu'a faites le constructeur, il ne peut revendiquer son terrain qu'en payant la valeur dont celui-ci s'est augmenté par suite de la construction. Si le maître du sol n'est pas suffisamment riche pour payer au constructeur soit la plus-value, soit la dépense, il pourra néanmoins rentrer en possession de son terrain, mais à la condition de laisser le constructeur reprendre tout ce qu'il lui est possible d'enlever sans préjudice pour le terrain (1). Il peut même garder la maison en payant au constructeur la valeur de ce que celui-ci pourrait emporter des choses ajoutées au terrain.

2° *Le constructeur ne possède plus*. Il n'a plus alors aucun recours contre le propriétaire du sol pour se faire rembourser ses dépenses. « Paulus respondit, eum qui » in alieno solo ædificium extruxerit, non alias sump- » tus consequi posse, quam si possideat, et ab eo » dominus soli rem vindicet : scilicet opposita doli » mali exceptione (2). » — « Si in area tua ædificas- » sem, et tu ædes possideres, condictio locum non » habebit : quia nullum negotium inter nos contra- » heretur... Sed et si is qui in aliena area ædificasset, » ipse possessionem tradidisset, condictionem non » habebit : quia nihil accipientis faceret, sed suam » rem dominus habere incipiat (3). »

Cette théorie du droit. romain est incontestable.

---

(1) Paul (27, § 5, VI, 1) donne même, dans tous les cas, cette faculté au propriétaire.

(2) 14, XLIV, 4.

(3) 33, XII, 6.

Quelques commentateurs, frappés de la rigueur de ce système, ont recherché par quelle action le constructeur pouvait réclamer des impenses dont l'équité exigeait qu'il fût indemnisé.

Selon quelques-uns il pouvait, lorsque c'était lui-même qui avait remis le fonds au propriétaire, agir contre ce dernier par la *condictio indebiti*. Cette opinion est absolument inacceptable, car elle est en opposition formelle avec les deux principales conditions qu'exige l'exercice de la *condictio indebiti*. En effet, pour que la *condictio indebiti* puisse être intentée, il faut que le *tradens* transmette à l'*accipiens* la propriété de l'objet qu'il lui livre ; or, dans notre espèce, nous l'avons montré par le texte cité plus haut (33, XII. 6), le constructeur, en remettant le bâtiment au propriétaire, ne lui donne rien, mais lui rend simplement ce qui est à lui. En outre, non seulement le *tradens* n'a pas acquitté une dette, il n'a pas même eu l'intention d'en acquitter une ; or il est de principe que cette intention est nécessaire pour que la *condictio indebiti* puisse être exercée.

D'autres prétendent que le constructeur a une action *negotiorum gestorum*. Cette théorie n'est pas plus acceptable que la précédente. Un texte de Paul nous enseigne en effet que, pour pouvoir exercer l'action *negotiorum gestorum*, il faut que l'on ait eu l'intention d'obliger envers soi une autre personne. « Hoc enim casu, ubi quasi in rem meam impendo, tantum retentionem habeo : quia neminem mihi obligare volui (1). »

---

(1) 14, § 1, X, 3.

— 34 —

Nous croyons qu'il faut chercher ailleurs les moyens
de remédier à l'iniquité du droit civil sur ce point, et
nous pensons, avec M. Accarias, que ce but pouvait
très facilement être atteint, soit au moyen des interdits,
soit au moyen de l'action publicienne. Si, en effet, le
maître du terrain le possède *vi*, *vel clam*, *vel pre-
cario*, le constructeur peut exercer l'interdit *uti possi-
detis*, à condition toutefois que l'on se trouve encore
dans l'année de la dépossession ; s'il s'en est emparé
par la violence, le constructeur pourra alors recourir
contre lui par l'interdit *unde vi*. Le maître des matériaux pourra aussi agir par l'action publicienne en
prouvant qu'il a possédé et qu'il se trouvait *in causa
usucapiendi* ; s'il arrive à faire cette double preuve, il
doit triompher de la résistance du propriétaire, à moins
que celui-ci ne lui oppose une exception tirée de son
droit de propriété, *exceptio justi dominii*, qui paraly-
sera l'action du constructeur s'il ne la renverse à son
tour par une *replicatio*. Dans les trois cas, s'il triomphe,
le maître des matériaux, remis en possession, se trouvera dans la situation, que nous avons examinée plus
haut, du constructeur de bonne foi qui possède
encore.

Le seul droit reconnu d'une façon formelle par les
jurisconsultes romains au constructeur de bonne foi
qui a perdu la possession, c'est celui de revendiquer
les matériaux, dans le cas où la maison vient à être
démolie (1).

____

(1) Code 2, III, 32.

§ 2. — *Le constructeur était de mauvaise foi.*

1° *Il possède encore.* Il ne pourra alors opposer l'exception de dol à l'action en revendication du propriétaire, « nam si scit, culpa ei objici potest, quod » temere ædificavit in eo solo, quod intelligeret alie- » num (1). »

D'ailleurs, ayant construit sur un terrain qu'il savait ne pas lui appartenir, il est censé, disent les Institutes, avoir aliéné volontairement ses matériaux, avoir voulu en gratifier le propriétaire. Cette doctrine des Institutes, reproduite d'un texte de Gaïus: « Et si scit alie- » num solum esse, sua voluntate amisisse proprietatem » materiæ intelligitur, » n'est certainement pas celle qui était appliquée par les jurisconsultes.

Ainsi Ulpien, au livre 17 sur l'Édit, enseigne que malgré la faute du constructeur, il faut lui accorder la faculté de démolir l'édifice s'il peut le faire sans porter préjudice au propriétaire du terrain. « Sed hoc ei con- » cedendum est, ut sine dispendio domini areæ tollat » ædificium quod posuit (2). »

2° *Le constructeur ne possède plus.* Pour lui, comme pour le constructeur de mauvaise foi qui possède encore, les Institutes présument qu'il a agi *animo donandi* et donnent par conséquent au maître du terrain, sans aucune restriction, la propriété des matériaux.

---

(1) 7, § 12, XVI, 1. — Inst. II, 1, § 30. — 37, VI, 1.
(2) 37, VI, 1. — Code 5, III, 32.

Comme nous l'avons dit plus haut, cette doctrine des Institutes est inexacte. Dès le troisième siècle, en effet, une constitution d'Antonin Caracalla permettait, même aux constructeurs de mauvaise foi, de revendiquer les matériaux après la démolition de l'édifice, à la seule condition de prouver qu'ils n'avaient pas construit dans le but de faire une libéralité au maître du sol. « Si vero fuerit dissolutum, ejus materia ad pristinum » dominum redit : sive bona fide, sive mala ædificium » extructum sit: si non donandi animo ædificia alieno » solo imposita sint (1). » On pourrait même aller jusqu'à dire, en tirant argument d'un texte de Paul relatif au possesseur de mauvaise foi d'une hérédité, qu'il doit être tenu compte au constructeur de mauvaise foi des dépenses qu'il a faites, puisqu'en effet les raisons sont les mêmes pour l'un et pour l'autre, à savoir qu'on ne doit pas s'enrichir même aux dépens d'un voleur : « Sed benignius est, in hujus (prædonis) quo- » que persona haberi rationem impensarum : non enim » debet petitor ex aliena jactura lucrum facere (2). »

SECTION II

Plantations et semences.

PLANTATIONS. — Pour les plantations comme pour les constructions, deux hypothèses peuvent se présenter : ou bien une personne a planté sur son terrain

---

(1) Code 2, III, 32.
(2) 38, V, 3.

l'arbre d'autrui, ou bien elle a planté un arbre qui lui appartient sur le terrain d'une autre personne.

Quel que soit le cas dans lequel on se trouve, le même principe doit être appliqué : *Plantæ quæ terra coalescunt sole cedunt*. Ainsi, d'une façon générale, la plante appartient au propriétaire du terrain dans lequel elle se trouve, cela à condition qu'elle y ait poussé des racines : « Ex eo tempore quo radices agit planta, » proprietas ejus commutatur » (1).

Cette théorie du droit romain s'explique par la conviction que l'on avait à cette époque que les arbres tiraient toute leur nourriture par leurs racines et qu'ils changeaient de nature en se nourrissant d'un suc différent : « Nam credibile est alio terræ alimento aliam » factam » (2).

Étant donnée cette erreur des jurisconsultes romains, on s'explique parfaitement les décisions suivantes :

1° Un arbre arraché jusqu'à ses racines et planté dans le fonds d'un autre appartient à son premier maître jusqu'à ce qu'il ait pris racine; lorsqu'il a pris racine, il devient l'accessoire du fonds où il est planté, et, si on l'en arrachait de nouveau, il n'appartiendrait pas à son premier maître (3).

2° Si l'arbre de mon voisin s'est tellement déjeté sur mon terrain qu'il y ait poussé ses racines, cet arbre m'appartient (4).

---

(1) Inst., II, 1, 31. — Dig., 7, § 13, XLI, 1.
(2) 26, 2, XLI, 1.
(3) *Idem.*
(4) 7, § 13, XLI, 1.

3° Si un arbre, placé sur le bord de deux terres, a poussé une partie de ses racines sur chaque terre, il devient commun entre les propriétaires (1), à proportion de la part qu'il occupe sur chaque terrain (2).

Recherchons maintenant quel est le droit accordé au propriétaire de l'arbre dans les différentes hypothèses qui peuvent se présenter :

1° J'ai transplanté sur mon terrain un arbre qui vous appartenait, et cet arbre n'a pas encore pris racine; vous avez contre moi, pour le réclamer, une action en revendication, car il n'a pas cessé de vous appartenir : « Ante enim quam radices egerit, ejus » permanet cujus et fuerat » (3).

2° J'ai transplanté sur mon terrain un arbre qui vous appartenait et cet arbre a pris racine; vous avez contre moi une action en revendication utile : « De » arbore, quæ in alienum agrum translata coaluit, et » radices immisit, Varus et Nerva utilem in rem ac- » tionem dabant » (4).

3° J'ai planté sur votre terrain un arbre qui m'appartenait, et cet arbre a pris racine. Ma situation sera alors la même que celle du constructeur de bonne foi, si j'étais moi-même de bonne foi (5). Dans le cas où l'arbre n'aurait pas encore pris racine, il n'aurait à aucun moment cessé de m'appartenir (6).

---

(1) *Idem.* — Instit., II, 1, § 31.
(2) 8, Pr., XLI, 1. — 83, XVII, 2
(3) Instit., II, 1, § 31.
(4) 5, § 3, VI, 1.
(5) 38, VI, 1.
(6) Inst., II, 1, § 31.

Il faut supposer, dans les deux premières espèces, que j'ai été de bonne foi ; car si j'avais été de mauvaise foi, vous auriez alors contre moi la *condictio furtiva* et l'action *furti*.

Semences. — Les semences, pour les mêmes motifs que les plantations, appartiennent au propriétaire du sol. « Qua ratione autem plantæ quæ terra coalescunt » solo cedunt, eadem ratione frumenta quoque quæ » sata sunt, solo cedere intelliguntur » (1). Aussi, dans le cas d'ensemencement, applique-t-on purement et simplement les principes que nous avons examinés plus haut, relatifs aux plantations.

____

(1) Inst., II, 1, § 32. — Dig., 9, pr., XLI, 1.

TITRE II

ACCESSION EN MATIÈRE MOBILIÈRE

CHAPITRE I

TRANSFORMATION D'UNE CHOSÈ MOBILIERE. —

SPÉCIFICATION

Le mot de spécification est un mot que n'ont pas
connu les jurisconsultes romains ; il a été imaginé par
les commentateurs pour désigner le fait de transformer
en un objet nouveau une chose appartenant à autrui,
sans son consentement. Justinien donne, dans ses
Institutes, un certain nombre d'exemples de spécification : « Ut ecce, si quis ex alienis uvis, aut olivis, aut
» spicis, vinum aut oleum, aut frumentum fecerit ;
» aut ex alieno auro, vel argento, vel ære vas aliquod
» fecerit ; vel ex alieno vino et melle mulsum mis-
» cuerit..., etc. » (1).

Parmi ces exemples, il y en a un que les Institutes
ont certainement cité par erreur. Il s'agit de l'hypothèse où le blé est extrait des épis ; il n'y a évidem-

______

(1) Inst., II, 1, § 25.

ment là aucune transformation, aucune *nova species* ; celui qui a fait cette opération n'a fait que mettre à découvert des objets qui existaient déjà. Justinien a emprunté cette hypothèse à Gaïus, mais il a oublié d'y ajouter l'appréciation de ce jurisconsulte sur la valeur de l'exemple qu'il citait : « Videntur tamen mihi recte
» quidam dixisse, non debere dubitari, quin alienis
» spicis excussum frumentum ejus sit, cujus et spicæ
» fuerunt : cum enim grana quæ spicis continentur,
» perfectam habeant suam speciem, qui excussit spi-
» cas, non novam speciem facit, sed eam quæ est,
» detegit » (1).

Dans le cas de spécification, à qui doit être attribuée la *nova species ?* Est-ce au maître de la matière ou à l'ouvrier qui l'a transformée ? Gaïus nous apprend que les jurisconsultes romains étaient en désaccord sur ce point (2).

Selon les uns (les Proculiens), il fallait appliquer le principe : *forma dat esse rei*, et par conséquent donner la propriété de la chose nouvelle à l'ouvrier qui a transformé la matière, *quia quod factum est antea nullius erat.* « Sed si meis tabulis navem fecisses, tuam
» navem esse : quia cupressus non maneret, sicuti nec
» lana vestimento facto ; sed cupresseum aut laneum
» corpus fieret » (3).

Selon les autres (les Sabiniens), une chose se compose essentiellement de la matière qui la compose, ac-

---

(1) 7, § 7, XLI, 1.
(2) *Idem.*
(3) 26, pr. *idem.*

cessoirement de la forme qui lui est donnée ; aussi, selon eux, l'objet transformé doit-il appartenir au maître de la matière, *quia sine materia nulla species effici possit.* « Nam proprietas totius navis carinæ » causam sequitur » (1).

Ainsi, selon que l'on était de l'une ou de l'autre école, on résolvait affirmativement ou négativement les questions suivantes : 1° Quelqu'un s'est fait donner un bois en gage, le vaisseau qu'on a fait avec les arbres de ce bois sera-t-il engagé (2) ? D'une façon générale, l'hypothèque qui grevait la matière première est-elle transmise à la *nova species* ? 2° Quelqu'un a volé de la laine à autrui et en a fait un habit, cet habit doit-il être considéré comme chose volée (3) ? D'une façon générale, si la matière a été l'objet d'un *furtum*, la *nova species* doit-elle être aussi *res furtiva?* 3° Quelqu'un vous a légué de la laine et en a fait ensuite une étoffe, le legs subsistera-t-il néanmoins et l'étoffe vous sera-t-elle due (4) ? D'une façon générale, un legs subsiste-t-il malgré la transformation de la matière première en un objet nouveau ?

Entre les deux théories proculienne et sabinienne, complètement opposées, apparut une opinion intermédiaire, tenant de l'une et de l'autre et ayant pour but de les concilier toutes deux. D'après cette théorie, il faudrait faire une distinction. Si la chose nouvelle peut

---

(1) 61, VI, 1.
(2) 18, § 3, XIII, 7.
(3) 4, § 20, XLI, 3.
(4) 44, § 2, XXX, 1.

être ramenée à sa forme première, on en répute propriétaire celui-là même à qui la matière appartenait,
et si, au contraire, elle ne le peut pas, on tient pour
propriétaire le spécificateur. « Est tamen etiam media
» sententia recte existimantium, si species ad materiam
» reverti possit, verius esse quod et Sabinus et Cassius
» senserunt : si non possit reverti, verius esse quod
» Nervæ et Proculo placuit » (1).

C'est à ce système éclectique, exposé par Gaïus, que
se rallia Justinien, ainsi qu'il nous l'apprend lui-même
dans ses Institutes (2). Ce système conduit à des conséquences iniques; en l'appliquant, en effet, on arrive
à décider qu'un marbre très précieux appartient à
celui qui en a fait une statue, si informe qu'elle soit,
parce que l'objet nouveau ne peut revenir à son premier état; mais que si, avec un lingot d'airain, on a
fait un vase ciselé avec la plus grande habileté, la propriété doit en être attribuée au maître du lingot, car le
vase peut être refondu et être reproduit en lingot.

Après avoir examiné la question de propriété dans
le cas de spécification, nous avons maintenant à étudier
la question d'indemnité.

1° *La nova species est attribuée au spécificateur*. Si
le maître de la matière possède l'objet, il aura alors
contre le spécificateur qui le réclamera une exception
de dol, à l'effet de se faire indemniser de la valeur de
la matière; s'il n'est pas en possession, il pourra exercer contre lui une action *in factum* jusqu'à concurrence

(1) 7, § 7, XLI, 1.
(2) II, 1, § 25.

de l'enrichissement que lui a procuré la matière, et même une *condictio furtiva* et l'*actio furti*, si c'est grâce à un vol que le spécificatenr a eu la possession de la matière. « Sed eum quoque cujus materia et
» substantia fuerit, furti adversus eum qui subripuerit
» habere actionem ; nec minus adversus eumdem con-
» dictionem ei competere, quia extinctæ res, licet vin-
» dicari non possint, condici tamen furibus et quibus-
» dam aliis possessoribus possunt » (1).

2° *La nova species est attribuée au maître de la matière*. Dans ce cas, si le spécificateur possède encore, il se fera indemniser par une exception de dol opposée à la revendication du maître de la matière ; dans le cas où il ne possédait plus, il est probable qu'une action *in factum* lui était accordée par le préteur.

Dans la dernière partie du paragraphe 25, les Institutes supposent le cas où un individu a fait une chose nouvelle, partie avec sa matière, partie avec celle d'autrui ; et décident que, dans cette hypothèse, celui qui a fait la chose en est propriétaire parce qu'il a fourni non seulement son industrie, mais encore une partie de la matière. Certains auteurs, parmi lesquels M. Demangeat (2), s'appuyant sur ce fait que, dans les deux exemples cités par Justinien, la *nova species* ne peut être rendue à sa force primitive, pensent que sa décision ne peut s'appliquer que dans les cas semblables ; ils argumentent de plusieurs lois du Digeste et, en particulier, du texte suivant de Callistrate : « Si, ære

---

(1) Gaïus, II, § 79.
(2) *Droit romain,* t. I, p. 449.

» meo et argento tuo conflato, aliqua species facta sit,
» non erit ea nostra communis, quia, cum, diversæ
» materiæ æs atque argentum sit, ab artificibus sepa-
» rari et in pristinam materiam reduci solet » (1).

D'autres interprètes, et en particulier M. Ortolan,
pensent, au contraire, qu'il faut appliquer sans restriction et d'une façon générale la disposition des Institutes : « Il suffit de remarquer, dit M. Ortolan, que ces
fragments des anciens juriconsultes sont empreints des
opinions diverses abrogées dans la législation de Justinien ; que d'ailleurs, rien dans ces fragments, tels
qu'ils sont placés au Digeste, ne dit qu'il s'agisse d'une
personne qui, avec son métal et celui d'autrui, a fait
un nouvel objet. Il y s'agit plutôt du cas où le métal de
deux personnes a été confondu par accident ou par un
tiers. C'est ce que suppose même clairement un des
fragments : L. VI, 1 » (2).

(1) 12, § 1, XLI, 1.
(2) Ortolan, *Instituts de Justinien*, t. II, p. 284, note 3.

CHAPITRE II

ADJONCTION

L'adjonction est la réunion, par certains points de leur surface seulement, de deux objets, dont l'un est chose principale et l'autre chose accessoire.

Voici quelques exemples que nous trouvons dans les textes : Vous avez joint à votre voiture une roue qui m'appartient ; à votre armoire ou à votre vaisseau une planche dont je suis propriétaire ; à votre habit la pourpre d'autrui (1). On peut ajouter à ces exemples celui de la *plumbatura*, opération qui consiste à souder deux métaux, par exemple un bras d'airain à une statue d'airain, au moyen d'un métal étranger, et celui de la *ferruminatio*, opération par laquelle on soude deux métaux sans faire emploi d'aucun métal étranger, en les chauffant et en les battant ensemble.

Quel est le droit accordé au maître de la chose qui

____

(1) 7. §§ 1 et 2. X, 4. — Inst. II. 1. § 26.

est devenue l'accessoire d'une autre? S'il possède les deux choses qui ont été jointes, il ne pourra pas résister à l'action en revendication du propriétaire de la chose principale devenu par accession propriétaire de la chose accessoire ; mais il pourra opposer l'exception de dol pour se faire indemniser par lui de la valeur de sa chose.

Mais s'il ne possède plus ? Il faut alors distinguer suivant qu'il est possible ou non d'opérer la séparation des deux objets. Si la séparation est possible, le propriétaire de la chose accessoire ne peut certainement pas la revendiquer, puisque *extinctæ res vindicari non possunt*, mais il le pourra si, auparavant, il a intenté une action *ad exhibendum* à l'effet de faire disjoindre les deux choses et de rétablir leur distinction : « Quæcumque aliis juncta, sive adjecta, accessionis » loco cedunt, ea quamdiù cohærent, dominus vindi- » care non potest, sed ad exhibendum agere potest, ut » separentur et tunc vindicentur (1). » Mais si la séparation est impossible, il ne peut être question ni d'action en réprésentation, ni d'action en revendication ; dans ce cas, alors, on accorde au maître de la chose accessoire une action *in factum* : « Ideoque in omnibus » his casibus, in quibus neque ad exhibendum, neque » in rem locum habet, in factum actio necessaria » est (2). » C'est ce qui doit être décidé dans le cas de soudure par *ferruminatio*, et, d'après M. Demangeat, dans le cas d'adjonction cité par le paragraphe 26 *de*

____

(1) 23 § 5. VI. 1.
(2) Idem.

divis, *rerum*, des Instituts. Ce paragraphe suppose qu'une personne a fait entrer dans le tissu de son vêtement des fils de pourpre appartenant à autrui ; elle en devient propriétaire *vice accessionis*, et aucune revendication ne peut être intentée contre elle ; car les fils de pourpre en question ont perdu toute existence distincte, ils font partie du vêtement tel qu'il se trouve être, *unitate majoris partis consumuntur*.

Dans tous les cas, le maître de la chose accessoire peut, lorsqu'il a été victime d'un vol, intenter contre le voleur l'action *furti* et la *condictio furtiva* : « Nam » extinctæ res, licet vindicari non possint, condici ta- » men a furibus et quibusdam aliis possessoribus pos- » sunt. »

Un certain nombre de commentateurs lisent *quibusque possessoribus* au lieu de *quibusdam possessoribus* ; d'après eux, par conséquent, ce serait contre tous les possesseurs et non pas seulement contre quelques possesseurs que serait donnée la *condictio* ; ils s'appuient, en particulier, sur la paraphrase de Théophile, qui décide qu'on peut poursuivre contre tous possesseurs.

Nous croyons, au contraire, que la *condictio* n'est pas possible contre les possesseurs de bonne foi, et que, par conséquent, il faut lire dans le texte *quibusdam possessoribus*. En effet, le texte de Théophile n'est pas général et ne s'applique qu'au cas où des fils de pourpre ont été introduits dans un vêtement. En outre, le passage de Gaïus, correspondant au paragraphe 26 des Instituts de Justinien, porte *quibusdam posses-*

soribus (1) ; il est donc très probable que c'est le même mot qui a été employé par Justinien. Voici alors quelle serait notre interprétation du paragraphe 26 : la *condictio* n'est pas donnée contre les possesseurs de bonne foi ; elle n'est donc pas donnée contre tous les possesseurs. Mais elle est donnée contre certains possesseurs, contre les possesseurs de bonne foi *in mora*, ou qui ont laissé périr la chose par leur faute, et contre tous les héritiers ou successeurs du voleur ; toutefois, contre eux on ne peut intenter qu'une simple *condictio*, tandis que contre le voleur on a une *condictio furtiva*. Voilà pourquoi nous pensons qu'il faut lire *quibusdam possessoribus*, puisque, ainsi que nous venons de le dire, tous les possesseurs ne sont pas soumis à la *condictio*.

Nous devons rapprocher ici de l'adjonction deux faits dont il est parlé aux paragraphes 33 et 34 des Instituts : *Scriptura* et *Pictura*.

SECTION I

Scriptura.

Sur les tablettes où le parchemin de Titius, j'écris un poème, une histoire ou un discours, est-ce à Titius ou à moi que devra être attribuée la propriété du tout?

(1) Gaïus II. § 79.

Aucun doute n'est possible sur ce point, c'est à Titius ; car les lettres, fussent-elles même d'or, ne sont qu'un accessoire des tablettes ou du parchemin : « Litteræ » quoque, licet auræ sint perinde chartis membranis- » que cedunt, ac solo cedere solint ea quæ ædificuntur » aut seruntur. (1) »

Voilà pour la question de propriété ; quant à la question d'indemnité elle n'offre pas plus de difficulté.

1° *L'auteur du manuscrit possède encore.* Dans ce cas il aura, à la seule condition qu'il soit de bonne foi, une exception de dol par laquelle il pourra repousser la revendication intentée par le propriétaire du parchemin, jusqu'à ce que celui-ci lui rembourse les frais d'écriture (2).

2° *Le maître des tablettes ou du parchemin est en possession.* Il est évident que, dans cette hypothèse, l'auteur de l'écrit, n'étant point propriétaire, ne peut avoir l'action en revendication, il ne peut intenter non plus l'action *ad exhibendum* ; mais, comme il a droit à une indemnité, le préteur lui donne pour arriver à l'obtenir une action *in factum*. Nous trouvons cette décision dans un texte d'Ulpien. Le jurisconsulte suppose qu'un esclave a inscrit le compte de son maître sur des tablettes appartenant à autrui. Le maître, s'il a perdu la possession de ces tablettes, ne peut ni les revendiquer, ni par conséquent en réclamer la représentation ; le jurisconsulte lui accorde une action *in*

____

(1) Inst. II. 1. § 33. — Dig. 9 § 1. XLI. 1.
(2) Inst. idem.

factum. « Sed si charta mea non fuit, quia vindicare non
» possum, nec ad exhibendum experiri. In factum
» igitur mihi actionem competere (1). »

SECTION II

Pictura.

On a fait une peinture sur la planche d'autrui ; qui
doit-on considérer comme propriétaire du tableau ?

Avant Justinien, les avis des jurisconsultes étaient
partagés. Gaïus pensait que la planche était l'accessoire
de la peinture et que la propriété du tout devait par
conséquent être attribuée au peintre (2). Paul, au contraire, décidait que la peinture doit être regardée
comme l'accessoire de la planche et que le tableau est
acquis au maître de celle-ci. « Sed et id quod in charta
» mea scribitur, aut in tabula pingitur, statim meum
» fit: licet de pictura quidem contra senserint, propter
» pretium picturæ : sed necesse est, ei rei cedi, quod
» sine illa esse non potest » (3).

Justinien, après avoir exposé la controverse, consacre
le système adopté par Gaïus, parce que, selon lui, il
serait ridicule de traiter l'œuvre d'un Appelles ou d'un
Parrhasius comme l'accessoire d'une planche sans va-

(1) 3. § 14. X. IV.
(2) 9, § 2, XLI, 1.
(3) 23, § 3, VI, 1.

leur (1). Cette raison est évidemment mauvaise, puisqu'il n'y a pas que des Appelles et des Parrhasius, mais qu'il y a aussi de mauvais peintres, lesquels, grâce au principe établi par Justinien, peuvent, aussi bien que les artistes les plus célèbres, invoquer le bénéfice de la règle : *tabula picturæ cedit*. La véritable raison est que, bien que les deux choses soient encore distinctes, puisqu'en retournant le tableau on peut voir la planche, leur séparation est cependant impossible ; or, ce qui dans un tableau fait l'œuvre, c'est la peinture ; aussi doit-on la regarder comme la *prævalentia*, et la planche seulement comme la chose accessoire.

Reste la question d'indemnité :

1° Le propriétaire de la planche est en possession du tableau. — Le peintre pourra agir contre lui en revendication, car, ainsi que nous l'avons dit, il est seul propriétaire du tout ; mais il devra offrir le prix de la planche, sans quoi il pourrait voir repousser son action par une *exceptio doli mali*.

2° Le peintre est en possession. — Comment le propriétaire de la planche pourra-t-il se faire indemniser ? Ce ne sera évidemment pas au moyen d'une action en revendication proprement dite, car il a perdu la propriété de la planche qui appartient au peintre par le seul fait qu'il l'a transformée en tableau. Aussi les textes lui donnent-ils une action en revendication *utile*, mais qu'il ne pourra exercer qu'à condition d'offrir les frais de la peinture (2).

---

(1) Inst. II, 1, § 34.
(2) Inst. II, 1, § 34. — Dig. 9, § 2, XLI, 1.

En appliquant à la lettre les textes que nous venons de citer, on arriverait à cette conséquence bizarre, que le peintre qui possède est moins bien traité que celui qui n'est pas en possession. Nous avons vu, en effet, que lorsqu'il ne possède pas il a une action en revendication pour se faire remettre le tableau dont il est propriétaire ; tandis que, lorsqu'il est en possession, son adversaire pourrait réclamer le tableau à la seule condition de payer la valeur de la peinture. Aussi décide-t-on que le peintre pouvait à son choix, ou bien accepter l'offre faite par le maître de la planche, ou bien garder le tableau en offrant la valeur de la planche. Cette décision, qui ne se trouve expressément dans aucun texte, découle naturellement des principes. C'est, qu'en effet, l'action en revendication qui est donnée au propriétaire de la planche n'est pas une action directe, mais une action *utile* ; c'est un moyen indirect qui lui est donné pour arriver à se faire indemniser. En outre, l'action en revendication utile aussi bien que l'action en revendication directe est une action arbitraire ; le juge a, par conséquent, le droit d'arbitrer d'après l'équité quelle est la satisfaction que le défendeur, le peintre, doit fournir au demandeur, le propriétaire de la planche, pour éviter une condamnation (1).

En tous cas, si la planche a été volée, soit par le peintre, soit par un autre, son propriétaire aura toutes les actions auxquelles donnent naissance le *furtum* (2).

(1) Inst. IV. 6. § 31.
(2) Inst. II. 1. § 34.

Remarquons, en terminant, que dans l'hypothèse de la *pictura*, il ne s'agit pas plus de la propriété artistique que dans l'hypothèse de la *scriptura* il ne s'agit de la propriété littéraire. Ce genre de propriété était complètement inconnu des Romains.

CHAPITRE III

DE LA CONFUSION

Il y a confusion lorsque deux choses liquides sont réunies de manière à ne plus former qu'un seul objet. Ainsi nos vins ont été confondus, ou un lingot d'or qui vous appartient a été fondu avec un autre lingot de même nature dont je suis propriétaire.

Dans ce dernier cas, quels seront les droits de chacun des propriétaires ? Le produit de la confusion étant indivis entre les deux propriétaires (1), celui qui ne possédera pas pourra intenter contre l'autre non pas une *vindicatio* ordinaire, mais une *vindicatio pro parte*; par la *vindicatio pro parte* il fera reconnaître l'étendue de son droit, ce qui lui permettra d'intenter ensuite l'action *communi dividundo* (2).

La même décision doit être appliquée lorsque les deux matières sont de nature différente; par exemple,

(1) Inst. II. 1. § 27.
(2) 3. § 2. VI. 1.

un lingot de cuivre a été fondu avec un lingot d'or. C'est, qu'en effet, les Romains ne connaissaient aucun moyen de séparer ces deux métaux (1). Il en était autrement lorsque la confusion avait été opérée entre un lingot de cuivre et un lingot d'argent, car déjà, à cette époque, on était arrivé à pouvoir en opérer la séparation (2) ; aussi, dans ce dernier cas, il suffisait d'une simple action *ad exhibendum* contre celui qui était en possession de la masse.

La même règle doit encore être appliquée lorsque c'est par hasard et non par la volonté des propriétaires que les matières de nature différente ou de même nature ont été confondues (3).

Enfin, lorsque celui qui a opéré le mélange s'est rendu coupable de vol, il est passible de toutes les actions auxquelles donnent lieu le *furtum* . « Sed et furti, » et ad exhibendum tenebitur, qui dolo malo confun- » dendum id argentum curavit (4). »

Une dernière remarque : si la réunion des deux objets avait formé un objet nouveau, et si cette réunion s'était opérée sans le consentement mutuel des propriétaires ou avait été faite par un tiers, il n'y aurait plus alors confusion et on retomberait dans l'hypothèse, que nous avons précédemment examinée, de la spécification.

____

(1) 5. § VI. 1.
(2) 12. § 1. XLI. 1.
(3) Inst. II. 1. § 27.
(4) 4. VI. 1.

CHAPITRE IV

DU MÉLANGE

Le mélange est la réunion de solides ; il y a mélange,
par exemple, lorsque du blé qui appartient à Titius,
a été mêlé avec du blé qui vous appartient. Ici, chacun
des objets continue d'exister séparément « utraque
» materia, etsi confusa manet (1). — Singula corpora
» in sua substantia durant (2).

Le mélange a pu être opéré :

1° *Par la volonté des deux propriétaires*. Dans ce
cas le mélange est commun, « quia singula corpora,
» id est singula grana, quæ cujusque propria fuerunt
» ex consensu vestro communicata sunt. » L'un et
l'autre propriétaire pourront alors sortir de l'indivision
par le moyen de l'action *communi dividundo*.

2° *Par la volonté d'un seul des propriétaires ou par
cas fortuit*. Alors le produit n'est pas réputé commun,
mais chaque grain de blé reste la propriété de celui à

---

(1) 5. § 1, VI. 1.
(2) Inst. II. 1. § 28.

qui il appartenait. Et, si un seul des propriétaires est en possession du tas de blé tout entier, l'autre pourra agir contre lui, non pas par l'action *communi divi-dundo*, mais par l'action en revendication. L'office du juge consistera alors à déterminer quelle portion le défendeur devra remettre au revendiquant ; ou bien, si celui qui est détenteur du tas refuse de faire la tradition de ce qu'il doit, à le condamner à payer au demandeur une somme que celui-ci fixera lui même sous la foi du serment.

TABLE DES MATIÈRES

BIBLIOGRAPHIE

Académie de législation de Toulouse, année 1869, p. 90.

AUBRY et RAU, *Cours de droit civil français*.

AUCOC, *Conférences sur l'administration et le droit administratif*.

Ancien et nouveau Denizard.

BATBIE, *Droit public et administratif*.

BONNET, médecin en chef à l'asile de Maréville, *L'aliéné*.

BRIAND et CHAUDÉ, *Manuel complet de médecine légale*.

Bulletin officiel du Ministère de l'intérieur, année 1857.

CABANTOUS et LIÉGEOIS, *Répétitions écrites sur le droit adminis-tratif*.

Circulaires ministérielles.

DAGONET, médecin de l'asile Sainte-Anne, *Des réformes à intro-duire dans la loi de juin 1838 et les asiles d'aliénés*, 1882.

DALLOZ, *Jurisprudence générale*. — *Répertoire de jurispru-dence*, verbo *Aliéné*.

DEMANGEAT, *Cours élémentaire de droit romain*, t. I, p. 384.

DEMANTE, *Cours analytique de Code civil*.

DEMOLOMBE, *Cours de Code Napoléon*, t. VIII.

Dictionnaire de l'administration française, 1881 (Maurice BLOCK), verbo *Aliéné*.

Dictionnaire des arrêts, 1727 (Pierre-Jacques BRILLON).

Dictionnaire des sciences médicales (DECHAMBRE), verbo *Aliéné*.

DU CAURROY, *Instituts de Justinien*, t. I, p. 176.

DUCROCQ, *Cours de droit administratif*.

DUFOUR, *Traité général de droit administratif appliqué*.

Duranton, *Cours de droit français suivant le Code civil.*

Durieu et Roche, *Répertoire de l'administration et de la comptabilité des établissements de bienfaisance.*

Duvergier, *Collection des lois,* année 1838.

Esquirol, *Des maladies mentales. — Examen du projet de loi sur les aliénés,* 1838.

Falret. *Des maladies mentales et des asiles d'aliénés.*

Fodéré, *Du délire.*

Journal des économistes.

Journal du Palais, verbo *Aliéné.*

Laferrière, *Cours théorique et pratique de droit public et administratif.*

Legrand du Saulle, *La folie devant les tribunaux.*

Li Livres de Jostice et de Plet (Collection des documents inédits relatifs à l'histoire de France, publiés sous les auspices du Ministère de l'instruction publique. — Paris, 1835-1875).

Maxime du Camp, *Paris, ses organes, ses fonctions et sa vie,* t. IV.

Marcadé, *Explication théorique et pratique du Code Napoléon.*

Moniteur officiel.

Ordonnance réglementaire du 18 décembre 1839.

Ortolan, *Explication historique des Institutes de Justinien,* t. I, p. 441.

Pinel, *Traité médico-philosophique sur l'aliénation mentale.*

Proudhon, *Traité sur l'état des personnes,* édition augmentée par M. Valette, t. II, p. 558.

Rapport du Directeur de l'asile de Maréville, 1879.

Rapports faits à la Chambre des députés et à la Chambre des pairs par M. Vivien et par M. le marquis de Barthélemy.

Renaudin, directeur-médecin de l'asile de Dijon, *Commentaires médico-administratifs sur le service des aliénés.*

Revue générale d'administration (M. Block), année 1878, t. II, p. 336.

Revue critique de législation, années 1871-1872, p. 102.

Revue pratique de droit français, t. XXV, p. 417.

RICARD, *Traité des donations entre vifs et testamentaires.*

SAVIGNY, *Traité de droit romain*, t. III, p. 85.

SERRIGNY, *Compétence administrative.*

Table des arrêts du Conseil d'État.

TARDIEU, *Étude médico-légale sur la folie.*

VALETTE, *Explication sommaire du livre I^or du Code Napoléon et des lois accessoires.*

DE LA LOI DE 1838

SUR

LES ALIÉNÉS

TITRE I

LEGISLATION ANTÉRIEURE A LA LOI DE 1838

CHAPITRE I

LÉGISLATION ROMAINE RELATIVE AUX ALIÉNÉS

De bonne heure, à Rome, on avait compris la nécessité de dispositions législatives concernant les personnes frappées d'aliénation mentale. Nous en trouvons les premières traces dans un passage de la loi des douze tables qui nous a été conservé par Cicéron (1). « Si furiosus esse » incipit, agnatorum gentiliumque in eo pecuniaque ejus » potestas esto. »

Ainsi, la curatelle organisée par ce texte est une curatelle légitime, et le curateur désigné est, non seulement

---

(1) *De invent.*, II, 50.

un curateur à la personne, mais encore un curateur aux biens.

Justinien, dans un passage des Institutes, rappelle cette disposition de la loi des douze tables pour confirmer la mesure de protection qu'elle avait organisée, la rendre plus efficace et l'étendre à d'autres personnes.

Nous voyons en effet, au livre I, t. XXIII, § 3 des Institutes, que la curatelle des fous, contrairement aux règles ordinaires de la curatelle, subsiste alors même qu'ils ont atteint l'âge de vingt-cinq ans, et, d'un autre côté, le paragraphe suivant indique certaines personnes auxquelles les règles de la curatelle des fous sont également applicables : ce sont les insensés, les sourds, les muets et les personnes atteintes d'une infirmité corporelle ; le paragrahe 3 nous avait déjà indiqué les prodigues comme devant être assimilés sur ce point aux furieux.

Par qui maintenant sont nommés les curateurs des fous et des autres personnes dont il vient d'être question ?

La loi des douze tables décide, pour le fou furieux et le prodigue, qu'ils doivent être soumis à la curatelle légitime de leurs agnats. Par la suite, cette règle cesse peu à peu d'être absolue, et Gaïus nous apprend, dans un passage relaté au Digeste (1), que, lorsque le curateur désigné par la loi des douze tables ne paraît pas propre à la gestion, le préteur la donne à un autre.

Sous Justinien, le principe de la loi des douze tables subsiste toujours ; mais le paragraphe 3 déjà cité des Institutes, après avoir posé ce principe, nous dit ensuite que, *dans l'usage,* les curateurs dont il s'agit sont nommés après enquête, à Rome, par le préfet de la ville ou par le préteur, et, dans les provinces, par le président.

---

(1) 13, X, 27.

Enfin, un passage de Tryphonius, rapporté au Digeste (1), nous apprend que « si un père donne un curateur par testament à son fils insensé (*puberi furioso*) quoique majeur de 25 ans, le préteur doit le nommer et suivre en cela la volonté du père ; car, d'après un rescrit de l'empereur Marc, c'est toujours à l'empereur à donner ces sortes de curateurs ».

Quant aux personnes dont nous avons parlé, autres que les fous furieux et les prodigues, leurs curateurs sont toujours nommés par le magistrat.

Les actes passés par les insensés ne sont pas toujours et nécessairement nuls ; il faut distinguer suivant qu'ils ont eu lieu pendant un intervalle lucide ou non.

Dans le premier cas, même si l'aliéné est pourvu d'un curateur, les actes restent pleinement valables, ainsi que nous le prouve le passage suivant du livre V, 70, 6, au Code : « Sancimus... ipsum posse furiosum, dum sapit, » et hereditatem adire et omnia alia facere quæ sanis ho- » minibus competunt. » De même la Constitution 9, 6, 22, reconnaît comme efficace le testament fait dans ces conditions par un insensé. De même, enfin, la Constitution 2, 4, 38, admet comme principe certain que le contrat passé par le fou pendant les intermittences de sa maladie doit avoir la même force que tout contrat consenti par un individu en plein état de capacité.

Dans le second cas, c'est-à-dire lorsque ce n'est pas pendant un intervalle lucide que l'acte a été passé par le fou, cet acte est nul, d'une nullité absolue. La loi 2, 5, 2, au Digeste, nous dit en effet que si la plainte en inofficiosité fait tomber le testament, c'est parce qu'il y a présomption que le testateur se trouvait hors d'état de faire

---

(1) 16. pr., X, 27.

un testament, ayant l'esprit aliéné, mais seulement en ce qui concerne la piété paternelle ou filiale, « nam, ajoute » Marcien, si vere furiosus esset, vel demens, nullum » esset testamentum. » De même la Constitution 2, 4, 38, annule toute vente faite par un fou, car il est évident qu'il n'a pu donner aucun consentement ; enfin la loi 17, 28, 1, dispose que le testament d'un insensé ne doit pas être exécuté, n'ayant originairement aucune force.

Aucun texte ne contient de passage qui puisse donner lieu à supposer qu'il existait à Rome des établisssements destinés spécialement au traitement des maladies mentales.

Sur la question de savoir quelles étaient les mesures de précaution à prendre contre les fous dont la maladie pouvait compromettre la sécurité publique, nous trouvons deux textes, tous deux relatés au Digeste (1).

En combinant ces deux textes, on arrive à pouvoir affirmer les points suivants :

1° Si la personne aliénée ne constitue pas un danger imminent pour l'ordre public, si elle a des intervalles lucides fréquents et de longue durée, le président de la province peut permettre qu'elle soit gardée par ses parents ou dans sa propre maison ; dans ce cas, ce sont les personnes chargées de garder ce furieux qui encourent la responsabilité des actés dommageables qu'il commet.

2° Mais si l'aliéné est dans une fureur continuelle qui le prive de toute sa raison, alors le président de la province peut le faire enfermer dans la prison publique destinée aux malfaiteurs, *in carcere,* et même le faire enchaîner.

3° Le principe que nous avons appliqué aux actes civils

____

(1) 13, §§ 1 et 14, I, 18.

émanés de l'insensé doit également recevoir son application en ce qui concerne les crimes ou délits qu'il a commis, c'est-à-dire que le fou n'est punissable que dans le cas où il a agi pendant un intervalle lucide ; si c'est pendant un accès de folie furieuse qu'il s'est rendu coupable, il ne doit encourir aucune peine (1) ; car, disent les textes, il est suffisamment puni par sa fureur même : « nam sufficere furore ipso eum puniri » (9, § 2, XLVIII, 9). — « Cum satis furore ipso puniatur » (14, I, 18).

Il faut aussi décider que l'action de la loi Aquilia ne peut avoir lieu dans le cas où le tort a été causé par un furieux, pas plus, dit Ulpien, que si les esclaves ou les animaux eussent été tués par une bête ou par une tuile (2).

CHAPITRE II

ANCIEN DROIT FRANÇAIS ANTÉRIEUR A 1790

SECTION I

CAPACITÉ CIVILE DE L'ALIÉNÉ

Nous avons vu les mesures prises par la loi romaine relativement aux biens des aliénés ; nous avons vu que le patrimoine de ces personnes devait être géré par un curateur désigné par la loi elle-même dans l'origine, plus tard par le magistrat.

---

(1) Legrand du Saulle, *La folie devant les tribunaux (historique de la question)*, p. 33. — (2) 5, § 2, IX, 2.

Dans notre ancien droit, nous retrouvons aussi la curatelle des fous avec les mêmes règles à peu près que dans le droit romain, et les coutumes qui l'établissent nous apprennent que, comme dans le dernier état du droit à Rome, le curateur était nommé par le juge.

La demande en interdiction pouvait être introduite par le conjoint, les enfants ou même par les collatéraux les plus éloignés de l'aliéné. Le juge saisi devait faire une enquête; il devait réunir les parents en conseil de famille et prendre leur avis, faire visiter le malade par des médecins, l'interroger lui-même (1), ne rien négliger, en un mot, de ce qui pouvait éclairer sur la véritable situation de la personne contre laquelle était intentée la demande en interdiction. L'enquête terminée, le juge faisait son rapport et c'était le tribunal tout entier qui devait décider du bien ou du mal fondé de la demande (2).

Dans le cas où l'interdiction était prononcée, les tiers étaient avertis de l'incapacité de l'interdit par différents moyens de publicité. Ainsi, à Paris, la jurisprudence du Châtelet exigea d'abord que le jugement prononçant l'interdiction fût crié sur les places publiques; plus tard, l'affichage de ces jugements dans les études des notaires constitua une publicité suffisante.

En droit romain, nous l'avons vu, les actes passés par l'insensé qui a reçu un curateur ne sont pas nécessairement nuls; il faut distinguer ceux qui ont eu lieu pendant un intervalle lucide et ceux qui ont été passés pendant un accès de la maladie; les premiers sont valables; les seconds sont nuls.

---

(1) Arrêtés du président de Lamoignon sur les tutelles, art. 138. — (2) Ancien et nouveau Denizard aux mots : *Conseil nommé par justice* et *Interdiction*. — Lettres patentes du roi du 25 novembre 1769, enregistrées le 19 janvier 1770.

Cette théorie passa dans notre ancien droit; ainsi donc, un acte était-il passé pendant un intervalle lucide par un individu aliéné pourvu d'un curateur, cet acte était pleinement valable (1). Bien plus, tout acte passé par un fou soumis à l'interdiction, était présumé avoir été fait pendant un intervalle lucide, et c'était à la partie qui voulait le faire tomber, à prouver que c'était pendant un accès de démence qu'il avait eu lieu.

Mais peu à peu les coutumes abandonnèrent la théorie romaine, et ce fut la présomption opposée qui l'emporta dans la plupart d'entre elles. Les pays de droit écrit eux-mêmes, mais plus tard et avec plus de résistance, adoptèrent la théorie des pays de coutumes, et c'est ainsi que l'on arriva progressivement au principe adopté par le Code civil, art. 502, à savoir que tous les actes passés par l'interdit postérieurement au jugement d'interdiction sont nuls de plein droit.

SECTION II

TRAITEMENT DE L'ALIÉNÉ

Il existe aujourd'hui très peu de documents propres à nous éclairer sur la façon dont les aliénés étaient traités au moyen âge; mais, d'après ceux qui nous restent et d'après ce qui existait, il n'y a pas encore un siècle, chez nous ainsi que chez les autres peuples de l'Europe, il est certain que leur sort devait être horrible, et nous avons maintenant peine à nous faire idée de toutes les cruautés qu'on leur faisait subir.

---

(1) Ricard, *Traité des donations entre vifs et testamentaires,* 1ʳᵉ part., ch. 3, sect. 3, nᵒ 147.

A cette époque, on ne voyait dans la folie qu'une punition de Dieu qui s'était retiré d'un individu et avait laissé la place libre au démon. Aussi l'exorcisme fut-il longtemps le seul mode de soigner la folie. Fodéré (1) et Pinel (2) nous rapportent qu'autrefois, à Besançon, avait lieu chaque année une cérémonie religieuse dont le but était la guérison des démoniaques. « J'ai appris, sur le lieu même, dit Fodéré, qu'un grand nombre de possédés qui s'y rendaient lorsqu'on montrait le saint-suaire, y occasionnaient souvent de grands désordres par leurs cris, leurs contorsions et leurs fureurs, mais que les soldats de la garnison faisaient cesser à coups de bâton : médecine qui, jointe à la circonstance dont l'esprit était frappé, produisait tous les ans quelques guérisons. »

Toutefois, les premiers exorcistes, qu'on appelait *precatores*, nous apprend encore Fodéré (3), avaient coutume d'employer quelques remèdes, en particulier les saignées et les purgations, avant de commencer les cérémonies; ces remèdes, rapporte un ancien historien, étaient quelquefois assez efficaces pour qu'on pût se passer des exorcismes. On les administrait, disent Pomponius et Wyerr, dans le but de corriger les mauvaises qualités des humeurs dont le démon se servait pour tourmenter les malheureux, leur ronger le foie et les plonger dans le désespoir.

Esquirol, dans une notice sur le village de Gheel en Belgique (4), nous rapporte que dès le VII° siècle, on y amenait des fous de tous les côtés du Brabant, à la sainte Nymphna, dont les restes étaient conservés dans l'église du lieu, et qui avait acquis une très grande célébrité pour

---

(1) *Du délire*, t. I, p. 25. — (2) *Traité de l'aliénation mentale*. — (3) *Du délire*, t. I, p. 24. — (4) *Maladies mentales*, t. II, p. 712.

la délivrance des possédés du démon. C'étaient des prêtres de la collégiale de Saint-Amans qui étaient chargés d'exorciser ces malheureux et d'en chasser les mauvais esprits.

Pinel, en parlant des ouvrages de Wierus, publiés vers le milieu du XVIIe siècle, nous dit qu'une croyance aveugle dans la démonomanie ou les prestiges du démon, doit peu étonner dans les écrits de ce médecin ; c'étaient là, ajoute-t-il, des erreurs du temps qu'il faut pardonner à un auteur si soigneux de décrire les formules des exorcismes, le don de prédire l'avenir accordé au démon, les tours perfides et malins qu'il a joués en prenant la forme humaine, les traits des personnages célèbres qu'il a empruntés en divers lieux pour se montrer sur la terre (1).

Nous avons trouvé, dans un mémoire dont les éléments ont été puisés en grande partie dans les archives de Maréville et présenté en 1847 par Th. Archambault, médecin en chef de Maréville, à la Société des sciences, lettres et arts de Nancy, un passage qu'il nous semble intéressant de rapporter ici, et qui nous prouve qu'au XVIIIe siècle, les idées qu'on s'était faites primitivement sur la nature de la folie n'avaient pas encore changé, et que le même genre de traitement continuait à être appliqué à cette maladie. « Un médecin et un chirurgien, à traitement fixe, étaient appelés de Nancy chaque fois qu'une maladie accidentelle rendait leur présence nécessaire ; car les aliénés n'étaient pas encore considérés comme des malades, surtout aux yeux des corporations religieuses, qui se croyaient appelées seules à traiter les affections mentales, où elles ne voyaient qu'une punition de Dieu et contre lesquelles leur suffisaient les lumières d'en haut. »

Malheureusement, le traitement par l'exorcisme n'était

____

(1) *De l'aliénation mentale*, § 287.

pas le seul employé; il l'était concurremment avec le traitement par le jeûne, le fouet et les coups (1).

Nous pourrions multiplier ici les citations des auteurs et retracer, après les nombreux médecins aliénistes du commencement de ce siècle dont la voix s'est élevée pour protester énergiquement, le tableau des horribles souffrances qu'avaient à endurer les malheureux insensés dans les quelques hôpitaux où étaient enfermés ceux dont la folie menaçait la sécurité publique. Qu'il nous suffise, pour en donner une idée, de rapporter un passage tiré du remarquable ouvrage de M. Falret, sur les maladies mentales et les hospices d'aliénés. « Les malheureux aliénés, plongés dans des cachots, dans les lieux les plus humides et les plus infects, privés d'air et de lumière, couchant sur la paille, en un mot au milieu des conditions hygiéniques les plus détestables, étaient toute la journée livrés à eux-mêmes et abandonnés sans contre-poids à la spontanéité de leurs réflexions...... A cette époque, la plupart des aliénés, transformés en véritables furieux, inspiraient la terreur ou bien servaient de spectacle à un public curieux et ironique qui éprouvait un barbare plaisir à les irriter encore davantage par ses rires et ses moqueries, à travers les grilles de leurs cachots, absolument comme on le fait pour les animaux de nos ménageries (2). »

En droit romain, comme nous l'avons vu, l'insensé n'était responsable d'un crime ou d'un délit commis par

____

(1) Quant aux malheureux atteints de démonomanie, dont le nombre fut si grand au moyen-âge, personne n'ignore quel traitement ils subissaient : sous prétexte de sorcellerie, on les faisait périr par centaines sur les bûchers. — (2) Falret, *Des maladies mentales et des asiles d'aliénés*, p. 689. — Voir le même auteur, p. 706 — Pinel, §§ 190 et 259. — Esquirol, t. II, p. 436 et 534. — Fodéré, t. I, §§ 64, 76 et 77. — Rapport fait à la Chambre des pairs par M. le marquis de Barthélemy (séance du 29 juin 1837). — Maxime du Camp, *Paris, ses organes, ses fonctions et sa vie*, t. IV, p. 316 et 344.

lui qu'autant qu'il avait agi pendant un intervalle lucide. En général, dans le droit coutumier, c'était cette règle du droit romain qui était appliquée ou tout au moins la peine était-elle fortement atténuée, lorsque le fou avait agi sous l'empire d'un accès de démence (1).

Toutefois, ce principe souffrait certaines dérogations établies par une jurisprudence constante, ainsi que nous le prouve le Dictionnaire des Arrêts de Pierre-Jacques Brillon, dans lequel nous lisons au mot folie : « Les crimes de lèse-majesté divine et humaine, sont punis de même que s'ils ne l'étaient pas » (de même que si les coupables n'étaient pas fous), et au mot furieux : « La fureur n'excuse pas ceux qui attentent contre le prince, l'État, la religion et les magistrats » (2).

Établissements consacrés à la réception des aliénés. — On ne trouve aucune mention d'établissements de ce genre avant le XVIIᵉ siècle. Fodéré nous apprend que le plus ancien asile d'aliénés existait à Marseille vers l'an 1600, qu'il était dirigé par un prêtre, mais que, quelque temps après, les fous, sur la plainte des citoyens, furent dirigés sur la maison Saint-Lazare, située aux environs de la ville et destinée au traitement des lépreux.

Un peu plus tard, les Pénitents noirs de la Miséricorde, fondèrent à Avignon un établissement où, paraît-il, les

____

(1) *Livre de Jostice et de Plet*, liv. I, ch. XXI. — (2) Arrêt de l'an 1503 qui condamne un écolier, pour avoir arraché avec furie l'hostie des mains d'un prêtre, à être brûlé tout vif, nonobstant le rapport des médecins qui l'avaient jugé sans raison. — Arrêt de l'an 1545, par lequel un fou qui se disait le Messie a été condamné aux galères. — Arrêt de l'an 1560, par lequel un artisan insensé a été tenaillé et couvert d'une couronne de fer ardente et exécuté *Roy des fols*, pour avoir donné du tranchant d'une épée sur le col de Ferdinand, roi d'Aragon et de Castille, dont il s'était imaginé pouvoir obtenir les royaumes en le tuant, pour épouser une personne de qualité qui lui avait causé sa folie (*Dictionnaire des arrêts*, par Pierre-Jacques Brillon, Paris, 1727).

aliénés étaient traités avec une certaine humanité. A partir de cette époque, la plupart des maisons religieuses dans les provinces reçurent des aliénés et quelques-unes tinrent de véritables pensionnats de fous (1).

En 1660, lorsque les hôpitaux généraux furent créés, le Parlement, par un arrêt en date du 7 septembre, décida que l'Hôtel-Dieu « serait pourvu d'un lieu pour le renfermement des fols et folles. » Les articles 14 et 15 de l'édit de fondation de 1656, enjoignaient aux directeurs, pour maintenir la police parmi une foule de personnes aussi peu faites pour se trouver ensemble, d'avoir à leur disposition des poteaux, carcans, prisons et basses fosses, un bailli et des sergents avec des hallebardes et autres armes convenables (2).

Quant aux malades incurables, on les enfermait, les hommes à Charenton et à Bicêtre, les femmes à la Salpêtrière.

En 1785, Colombier, sur l'ordre de Louis XVI, rédigea une instruction célèbre sur la manière de gouverner les insensés. Il demande un changement complet dans la façon de traiter les aliénés ; il proteste contre l'usage qui existe de ne pas chercher à les guérir, ni même à les soulager, mais de les renfermer dans le seul but de garantir le public contre leur fureur ; enfin, il réclame énergiquement la construction d'hôpitaux destinés spécialement à les recevoir et dont il trace le plan général.

Enfin, vers la même époque, le médecin Tenon, dans ses Mémoires sur les hôpitaux de Paris, publiés en 1786,

---

(1) Les plus importants des asiles fondés vers cette époque, outre ceux que nous avons cités, sont ceux : d'Orléans (1630), de Dijon (1725), Charenton (1741), de Riom (1771), *Journal des Économistes*, année 1864, t. XLIV, p 414. — (2) *L'aliéné devant lui-même*, Henry Bonnet, médecin en chef à l'asile de Maréville, 1866.

nous fait un tableau affreux des supplices qui, encore à cette époque, étaient infligés aux aliénés dans les hospices et contre lesquels il proteste aussi avec la plus violente indignation; par ses nombreux travaux sur le traitement des fous, par la légitime influence qu'il avait acquise par son savoir et les services qu'il avait rendus à la cause de l'humanité, il fit faire, à cette époque, un pas immense dans la voie des réformes et des améliorations qui, à partir de ce moment, suivirent sans interruption l'impulsion donnée et aboutirent enfin à la loi du 30 juin 1838.

CHAPITRE III

PÉRIODE DE 1790 A 1838

SECTION I

TRAITEMENT DES ALIÉNÉS

Les choses étaient dans l'état que nous avons vu, lorsque en 1790, Pinel fut nommé médecin en chef de l'hôpital de Bicêtre. Grâce à son autorité et à son influence, grâce aussi au concours infatigable du surveillant général de l'hospice, M. Poussin, la plupart des réformes inspirées par les idées de philanthropie, dont l'expansion fut si violente et si rapide à cette époque de notre histoire, purent enfin être réalisées.

Avant lui, on ne voyait dans les fous que des individus qui pouvaient devenir un danger pour le reste de la société et que l'on enfermait dans le seul but de les empêcher de nuire; il enseigna que les fous étaient des malades et que, si la sécurité publique exigeait dans certains cas qu'ils fussent enfermés, l'humanité exigeait toujours qu'on les traitât avec douceur et qu'on n'employât contre eux aucun moyen violent (1). Jusque-là, on n'avait traité les aliénés que par l'exorcisme, le fouet et les coups ; il enseigna qu'il fallait les traiter par la douceur et repousser au contraire tout ce qui pouvait les irriter et augmenter encore leur fureur. « Depuis que Pinel, dit M. Falret, a apporté une si profonde réforme dans le traitement des aliénés, l'hygiène morale a joué un rôle principal dans le traitement de ces malades et le principe de l'isolement a été la conséquence la plus généralement admise de cette hygiène bienfaisante » (2).

Les théories de Pinel sur le traitement moral, grâce aux nombreux disciples qui se joignirent à lui, ne tardèrent pas à porter des fruits. Les chaînes disparurent; on supprima les infects cachots dans lesquels les malheureux aliénés étaient entassés pêle-mêle. « L'aliéné fut environné des égards qui lui sont dus; traité avec bienveillance, il obtint toute là liberté compatible avec sa propre sûreté et avec celle d'autrui; des distractions lui furent offertes; la surveillance fut déguisée, quoique constante et active..... Des ateliers de travail, des galeries et des ombrages pour la promenade, remplacèrent l'aspect misérable et la malpropreté qui existaient auparavant. Tel fut le principe des réformes indiquées et réalisées en partie par Pinel. Ses

____

(1) Rapport du Directeur de l'asile de Maréville, 1879, p. 8. — (2) *Des maladies mentales*, p. 683.

A. B.   6

bienfaisantes théories ont trouvé depuis de dignes continuateurs dans les docteurs Esquirol, Ferrus, Scipion Pinel, Georget, Leuret, Falret et Voisin, Métivié, Foville, Amar, Fodéré » (1).

SECTION II

LÉGISLATION

Sous l'ancien régime, il est facile de le comprendre, puisque la liberté individuelle était soumise au caprice de quelques individus puissants, grâce aux lettres de cachet, une foule de séquestrations arbitraires s'étaient produites. L'Assemblée nationale ne pouvait laisser subsister cet état de choses inique. La loi des 16-26 mars 1790 abolit les lettres de cachet, et décida, dans son article 9, que, dans un délai de trois mois, toutes les personnes détenues pour cause de démence seraient interrogées par les procureurs et visitées par des médecins, afin que, suivant leur état constaté avec soin, elles fussent élargies ou soignées dans des hôpitaux spéciaux.

Mais cette loi, ainsi que le faisait remarquer M. le ministre de l'intérieur dans l'exposé des motifs de la loi de 1838 (2), n'avait qu'un caractère temporaire ; elle statuait sur la situation des personnes qui avaient été enfermées pour cause ou sous prétexte de démence, mais elle ne supprimait pas pour l'avenir la séquestration des aliénés et cependant il n'y était nulle part question des formalités.

____

(1) Dalloz, *Répertoire de jurisprudence*, verbo *Aliénés*, n° 20. — (2 Séance du 6 janvier 1837.

qu'exigerait cette séquestration ; l'arbitraire subsistait donc.

La loi des 16-24 août 1790 comprend dans le même article (art. 3, 6°. Titre XI) les mesures à prendre contre les dangers causés par les insensés et les furieux laissés en liberté et contre la divagation des animaux malfaisants ou féroces, et place parmi les objets de police, confiés à la vigilance et à l'autorité des corps municipaux le soin d'obvier ou de remédier aux événements fâcheux que les uns et les autres pourraient occasionner.

La loi des 19-22 juillet 1791, sur la police municpale et correctionnelle, décide (titre I, art. 14) que ceux qui laisseront divaguer des insensés ou furieux ou des animaux malfaisants ou féroces, seront condamnés non seulement à la réparation des dommages causés, mais encore à une amende pouvant s'élever jusqu'à cinquante livres, et même, si le fait est grave, à la détention de police municipale.

La loi du 24 vendémiaire an II (15 octobre 1793) dispose que les aliénés enfermés dans des maisons de dépôt, et qui sont aux frais de l'État, seront transférés dans les nouvelles maisons de répression où ils continueront à être entretenus avec les deniers publics et que ceux dont les parents paient l'entretien pourront, ou en être retirés, ou y être laissés, mais à la charge par les parents de payer le prix de leur pension fixé par le directeur.

Le code des délits et des peines du 25 octobre 1795 (605, 4°) condamne à une peine de simple police ceux qui laissent divaguer des insensés ou furieux ou des animaux malfaisants ou féroces.

Les Constitutions du 5 fructidor an III (art. 13) et du 22 frimaire an VIII (art. 5) disposent que l'exercice des droits de citoyen est suspendu par l'interdiction judiciaire pour cause de fureur, de démence ou d'imbécillité.

Le Code civil (livre I, tit. XI, chap. II) et le Code de procédure (IIᵉ partie, liv. I, tit. XI) nous indiquent dans quels cas et par qui l'interdiction peut ou doit être provoquée ; le législateur y prescrit un certain nombre de formalités à remplir pour arriver à la faire prononcer ; il s'explique sur l'état d'incapacité de l'individu interdit et sur le sort des actes passés par lui depuis le jour du jugement d'interdiction ; mais nulle part il n'y est question spécialement de la capacité des aliénés non interdits et de la valeur des actes faits par eux. Par conséquent, sous l'empire du Code civil, en principe, ces actes sont valables, sauf à faire la preuve qu'il n'a pu y avoir de consentement de la part de l'aliéné, le consentement étant une condition indispensable de la validité d'un acte quelconque.

Les art. 114 à 122 du Code pénal, ainsi que les art. 186 et 198, pour empêcher le retour des nombreux abus qui s'étaient produits sous l'ancien régime, et suivant, sur la plupart des points, les principes posés par le Code pénal de 1791, frappent de peines très graves tout fonctionnaire qui se serait rendu coupable d'un acte attentatoire à la liberté individuelle des citoyens (art. 114), ou même seulement qui aurait refusé ou négligé de déférer à une réclamation légale tendant à constater des détentions illégales et arbitraires (art. 119).

Pour les séquestrations dont se seraient rendus coupables de simples particuliers, elles sont prévues par les art. 341 à 344 ; elles donnent lieu à des peines d'une gravité exceptionnelle et même dans plusieurs cas, sous l'empire de l'ancien art. 344, elles pouvaient entraîner la peine de mort ; depuis la loi du 28 avril 1832 (art. 12), la peine capitale n'est plus encourue que dans un seul cas :

lorsque les personnes séquestrées ont été soumises à des tortures corporelles.

D'autres dispositions du Code pénal, placées au titre des contraventions, sont spécialement relatives aux aliénés ; l'art 475, 7°, punit d'une amende de six francs à dix francs inclusivement ceux qui auraient laissé divaguer des fous ou des furieux étant sous leur garde, ou des animaux malfaisants ou féroces; l'art. 479, 2°, frappe d'une amende de onze à quinze francs inclusivement ceux qui auraient occasionné la mort ou la blessure des animaux ou des bestiaux appartenant à autrui, par l'effet de la divagation des fous ou furieux, ou d'animaux malfaisants ou féroces.

Une instruction du ministre de l'intérieur en date du 16 juillet 1819, relative aux asiles des départements, prescrivit un certain nombre de mesures d'humanité dont l'exécution améliora d'une manière sensible le sort des aliénés qui étaient encore, pour la plupart, enfermés dans des prisons, la France n'ayant à cette époque, dans toute l'étendue de son territoire, que huit hospices spéciaux.

Enfin les lois de finances de 1836 et de 1837 contenaient une disposition d'après laquelle les dépenses pour les aliénés indigents étaient assimilées aux dépenses variables départementales, sans préjudice du concours de la commune du domicile de l'aliéné et des hospices.

Il est facile de voir, d'après l'exposé que nous venons de faire de l'historique du sujet, combien, à l'époque où nous en sommes arrivés, c'est-à-dire en 1838, était insuffisante la législation relative aux aliénés, et quelle était la nécessité qui s'imposait au législateur de donner enfin une solution à toutes les nombreuses questions que faisait naître cette insuffisance de législation. Aussi, le gouvernement, par l'organe de M. Gasparin, alors ministre de l'intérieur, déposa le 6 janvier 1837, sur le bureau de la Chambre des députés, un projet de loi dont la discussion fut retardée cependant jusqu'au mois d'avril suivant.

Après avoir subi plusieurs remaniements successifs, après avoir été soumis à plusieurs reprises à la discussion des Chambres, dans laquelle intervinrent avec le plus grand talent et la plus grande autorité les rapporteurs des deux commissions, M. Vivien, pour la commission de la Chambre des députés, et M. le marquis de Barthélemy, pour la commission de la Chambre des pairs, le projet de loi, transformé presque complètement, fut enfin voté définitivement par la Chambre des députés dans la séance du 14 juin 1838 (1).

Cette loi, mise en vigueur à partir du 30 juin 1838, fut suivie d'une ordonnance réglementaire, en date du 18 décembre de l'année suivante, destinée à l'expliquer et à la commenter.

Dates des circulaires, décisions, instructions ministérielles et décrets les plus importants, concernant la législation sur les aliénés :

16 octobre 1817. — 16 juillet 1819. — 13 décembre 1819. — 9 novembre 1821. — 7 décembre 1825. — 4 janvier 1826. — 26 avril 1826. — 12 décembre 1826. — 15 septembre 1829. — 24 septembre 1831. — 23 juillet 1838. — 5 août 1839. — 5 août 1840. — 16 août 1840. — 31 août 1840. — 12 août 1841. — 28 juin 1842. — 13 août 1842. — 28 décembre 1842. — 28 mai 1844. — 30 avril 1845. — 16 août 1845. — 20 mars 1857. — 9 juin 1857.

---

(1) Toutes les phases par lesquelles le projet de loi primitif a passé avant d'arriver à la rédaction définitive, ont été rapportées en détail et avec la plus grande clarté par M. Esquirol, dans son ouvrage : *Examen du projet de loi sur les aliénés*, Paris, Baillière, 1838.

— 24 mars 1858 (décret). — 21 septembre 1860. — 6 juin 1863 (déc.). — 17 janvier 1866. — 4 février 1875 (déc.). — 5 octobre 1878 (déc.). — 28 juillet 1879 (déc.).

TITRE II

LOI DU 30 JUIN 1838 RELATIVE AUX ALIÉNÉS

NON INTERDITS (1)

CHAPITRE I

DISPOSITIONS RELATIVES A LA PERSONNE

SECTION I

ÉTABLISSEMENTS D'ALIÉNÉS

L'article 1ᵉʳ de la loi de 1838 distingue tout d'abord deux espèces d'établissements destinés à recevoir et traiter les aliénés : les établissements publics et les établissements privés. Chaque département est tenu d'avoir un établissement public *spécial* ou de traiter avec un établissement public ou privé, soit de ce département, soit d'un autre département.

Le 2° alinéa de l'art. 1ᵉʳ soumettait à l'approbation du

---

(1) Un décret en date du 5 octobre 1878 a rendu applicable à l'Algérie la loi du 30 juin 1838.

ministre de l'intérieur ces traités passés par les départements. Le décret de décentralisation du 25 mars 1852 (Tableau A, 19ᵉ alinéa) fait passer ce droit d'approbation dans les attributions des préfets.

La loi du 18 juillet 1866 sur les conseils généraux, dans son art. 1, § 15, place parmi les objets sur lesquels les conseils généraux statuent définitivement l'approbation de ces mêmes traités. Enfin, la loi du 10 août 1871 confirme le droit des conseils généraux sur ce point.

§ I

Établissements publics. — Directeur. — Médecin. — Commission de surveillance.

Les établissements publics sont ceux qui appartiennent à la commune, au département, ou à l'État. L'art. 2 de la loi de 1838 les place sous la direction de l'autorité publique. Cette subordination à l'autorité publique a été réglée par l'ordonnance réglementaire du 18 décembre 1839.

L'art. 1ᵉʳ établit un directeur responsable chargé de l'administration de l'établissement, sous la surveillance d'une commission gratuite. Ce directeur est nommé par le ministre de l'intérieur, sous certaines conditions déterminées par l'art. 3 de l'ord. Un décret du 24 mars 1858 établit quatre classes de directeurs et fixe le traitement correspondant à chaque classe ; le même décret indique aussi les conditions d'avancement d'une classe à une autre. Un décret suivant du 6 juin 1863 annule le décret précédent en portant à cinq le nombre des classes et en augmentant d'une façon notable le traitement des directeurs. Ce dernier a été remplacé lui-même par un décret du 4 février 1875, inséré au Bulletin des lois, 12ᵉ série, n° 4001.

Ses fonctions peuvent se diviser en deux ordres : fonctions relatives à l'administration intérieure de l'établissement et fonctions relatives à la gestion de ses biens et revenus (art. 6 ord.).

Chargé de l'administration intérieure, il est soumis à l'obligation de résider dans l'établissement, il prépare le budget, ordonnance les dépenses, il nomme et révoque les préposés qui composent le personnel de l'asile, à part les infirmiers et les gardiens qu'il ne peut nommer sans l'agrément du médecin en chef ; il est chargé, lorsque des aliénés entrent ou sortent de l'établissement, de veiller à l'exécution des prescriptions établies par la loi (art. 6. ord.). ; enfin, d'une façon générale, il doit se conformer au règlement particulier de son asile et au règlement général donné par le ministre de l'intérieur, en date du 20 mars 1857 (1), et qui a servi de base aux différents règlements particuliers.

Chargé de l'administration et de la gestion des biens et revenus de l'établissement, le directeur n'a toutefois que des pouvoirs assez restreints. C'est ce qu'indique un avis du conseil d'État du 6 avril 1842, qui décide que le directeur, ayant, d'après l'art. 6 de l'ordonnance réglementaire, des pouvoirs limités à la *gestion*, ne peut par conséquent pas intervenir dans les actes de disposition et de propriété ; c'est donc le préfet qui a qualité pour agir dans ces sortes d'actes.

Que faut-il décider en ce qui concerne les actions relatives aux asiles d'aliénés ? Par qui ou contre qui doivent-elles être intentées ? Et d'abord il faut écarter les conseils de surveillance des établissements, auxquels l'ordonnance réglementaire n'accorde que le droit de donner leur avis

---

(1) *Bulletin officiel du ministère de l'intérieur,* année 1857.

sur ce point (art. 2). Mais alors est-ce le directeur ou le préfet qui sera chargé de représenter l'établissement ? La question, comme le fait parfaitement remarquer M. Batbie (1), se résout en celle-ci : L'asile est-il une personne distincte ou un établissement départemental ? De la solution que l'on donne à la dernière question dépend la solution à donner à la première.

L'art. 16 de l'ordonnance réglementaire de 1839, en assimilant dans une certaine mesure l'administration des asiles d'aliénés à celle des hospices ordinaires, avait d'abord paru permettre aux directeurs de revendiquer la représentation de leurs asiles, et le ministère de l'intérieur même, dans un but de conciliation, avait admis une distinction d'après laquelle une existence propre était reconnue aux établissements d'aliénés ; il en résultait que le directeur avait l'exercice des actions judiciaires les concernant (2).

Nous croyons que ce système, si le conseil d'État l'avait laissé appliquer, aurait été contraire aux vrais principes du droit, et cela pour deux raisons, dont la première est que, l'asile d'aliénés étant à la charge du département, doit être un établissement départemental ; quant au second motif, nous le trouvons dans l'absence même de toute disposition de l'ordonnance attribuant au directeur la représentation de l'asile (3).

---

(1) *Droit public et administratif*, t. V, p. 305. — (2) Serrigny, *Compétence administrative*, t. I, p. 595. — (3) Conseil d'État, arrêt du 6 avril 1842 : « Le Conseil d'État, considérant que l'asile d'aliénés de Saint-Yon, de Rouen, est un établissement départemental..., etc. » ; 30 août 1845, arrêt décidant formellement que les actions judiciaires des asiles d'aliénés appartiennent au préfet ; loi du 24 juillet 1866 décidant que le Conseil général statue définitivement sur « les recettes et dépenses des établissements d'aliénés *appartenant* au département, » art. 1, nº 15. La loi du 10 août 1871 leur a conservé cette attribution.

A côté du directeur, dont les fonctions sont purement administratives, l'art. 3 de l'ordonnance de 1839 a placé un médecin en chef et des médecins-adjoints chargés du traitement des aliénés. Leur mode de nomination est réglé par l'ordonnance sur les mêmes bases que celui des directeurs et les décrets que nous avons analysés plus haut relatifs à la division des directeurs en un certain nombre de classes et au traitement afférent à chaque classe sont également applicables aux médecins des asiles, du moins en ce qui concerne les médecins en chef. — Les art. 8, 9 et 10 de l'ordonnance fixent les attributions du médecin en chef. Il est tenu de résider dans l'établissemant, sauf le cas où il est autorisé par le ministre à avoir une autre résidence et sous la condition expresse de visiter chaque jour les aliénés confiés à ses soins ; il est chargé de la police médicale de l'établissement ; il doit se conformer aux prescriptions de la loi de 1838 et en particulier délivrer les certificats exigés par les art. 8, 2° alinéa, 11, 13, 14, 23, etc., de la loi.

Sous les ordres directs du médecin en chef sont placés un médecin-adjoint et un certain nombre d'internes, lesquels sont nommés pour une période de trois ans ; chargés des détails du service médical, ils facilitent au médecin en chef l'exécution de sa tâche et acquièrent l'expérience nécessaire pour devenir à leur tour d'habiles chefs de service.

Nous venons de voir que les fonctions du directeur et du médecin, s'appliquant naturellement à des objets différents, ont été distinguées avec soin par la loi de 1838 ; toutefois, lorsque l'importance de l'asile ne donne pas lieu à des occupations trop multiples, ces deux fonctions sont réunies dans la même personne d'un directeur-médecin par le ministre de l'intérieur, à qui ce droit a été conféré par l'art. 13 de l'ordonnance réglementaire.

Ainsi que nous l'avons dit, le service actif des établissements est confié à un directeur et à un médecin ou à un directeur-médecin ; le service de surveillance est attribué, par l'ordonnance réglementaire (art. 1), à une commission de cinq membres dont l'art. 2 a fixé le mode de nomination (1).

Les commissions de surveillance doivent se réunir en séances ordinaires au moins une fois par mois ; le préfet peut les convoquer en sessions extraordinaires toutes les fois qu'il le juge nécessaire. Les réunions ordinaires ont lieu dans l'intérieur de l'asile ; le médecin et le directeur y assistent avec voix consultative ; toutefois ils doivent se retirer des séances dans lesquelles la commission délibère sur les comptes de l'administration et sur les rapports à adresser directement au préfet (ordonnance réglementaire, art. 5 et instruction du 20 mars 1857).

Les attributions du conseil de surveillance ont été fixées par l'art. 4 de l'ordonnance réglementaire qui est ainsi conçu : « Les commissions instituées par l'art. 1ᵉʳ, chargées de la surveillance générale de toutes les parties du service des établissements, sont appelées à donner leur avis sur le régime intérieur, sur les budgets et sur les comptes, sur les actes relatifs à l'administration, tels que le mode de gestion des biens, les projets de travaux, les procès à intenter ou à soutenir, les transactions, les emplois de capitaux, les acquisitions, les emprunts, les ventes ou échanges d'immeubles, les acceptations de legs

____

(1) Un décret du 28 juillet 1879 dispose que le nombre des membres du conseil de surveillance pourra être porté à sept et même, dans certains cas, à neuf ou à onze, par décret rendu sur la proposition du Ministre de l'intérieur.

ou donations, les pensions à accorder s'il y a lieu, les traités à conclure pour le service des malades. »

L'ordonnance du 18 décembre 1839 a été complétée sur ce point par l'instruction de 1857.

Après avoir posé un certain nombre de principes propres aux asiles d'aliénés, l'ordonnance réglementaire, dans son art. 16, dispose que les lois et règlements relatifs à l'administration générale des hospices et établissements de bienfaisance, sont applicables aux établissements publics d'aliénés en tout ce qui n'est pas contraire à ces règles spéciales.

§ II

Établissements privés. — Autorisation. — Retrait de l'autorisation.

Avant que la loi de 1838 ne créât des établissements publics, presque tous les aliénés étaient traités dans des établissements qui avaient été construits par l'industrie privée et dont il fallait respecter les droits (rapport du 18 mars 1837). Aussi la loi en reconnaît-elle l'existence légale et l'art. 3 les place-t-il sous la surveillance de l'autorité publique.

Autorisation. — Pour diriger ou former un établissement privé destiné au traitement des aliénés, l'ordonnance réglementaire (art. 17), exigeait qu'une demande d'autorisation fût adressée au préfet, et la loi de 1838 (art. 5), que cette demande reçût l'agrément du gouvernement. Depuis le décret de décentralisation du 25 mars 1852, l'autorisation du préfet seulement est devenue suffisante.

Le postulant doit justifier de l'exécution d'un certain nombre de conditions énumérées dans les art. 18, 19 et suivants de l'ordonnance de 1839. Ainsi particulièrement il doit justifier qu'il est majeur et jouit de ses droits civils ; qu'il est docteur en médecine, sinon, il doit présenter l'engagement d'un médecin qui se charge du service médical. Il doit également justifier que l'établissement est salubre, qu'il est propre à l'isolement des aliénés, et que le nombre des gardiens est suffisant pour qu'une surveillance efficace des malades soit possible. Il doit verser un cautionnement destiné à subvenir au service des aliénés dans le cas où, pour une cause quelconque, le service de l'établissement se trouverait suspendu ; ce cautionnement, d'après une circulaire ministérielle du 20 avril 1855, doit être tel que l'entretien des malades de l'établissement soit assuré pendant un mois, temps nécessaire et suffisant pour que les familles puissent retirer leurs parents aliénés qui ont été séquestrés dans l'établissement.

Enfin, l'ordonnance, prévoyant le cas où le directeur, par suite de suspension, d'interdiction, d'absence, de faillite ou de décès, viendrait à cesser ses fonctions, décide, dans son art. 27, qu'il peut toujours faire agréer d'avance par l'administration une personne chargée dans ces différents cas de le remplacer. S'il n'a pas usé de cette faculté, ses héritiers ou ayants-cause sont tenus de désigner, dans les vingt-quatre heures, un directeur provisoire, et, dans le mois, un directeur définitif, sous peine de voir l'autorisation rapportée et l'établissement fermé de plein droit. Enfin, le préfet peut, au besoin, faire d'office la désignation.

Retrait de l'autorisation. — C'est le préfet qui, nous l'avons vu, d'après le décret du 25 mars 1852, est chargé de la nomination des directeurs d'établissements privés ; ce même décret, n'ayant pas statué sur le retrait de l'autorisation, il faut en conclure que l'art. 33 de l'ordonnance réglementaire reste encore aujourd'hui en vigueur, et qu'un décret est nécessaire pour retirer l'autorisation accordée par le préfet.

Toutefois, l'art. 32 donne au préfet la faculté, s'il le juge à propos, de prononcer, pendant l'instruction relative au retrait, la suspension provisoire du directeur et d'instituer un régisseur provisoire, conformément à l'art. 26 de la même ordonnance.

L'art. 31 de l'ordonnance énumère les principaux cas dans lesquels le retrait de l'autorisation peut avoir lieu ; les cas cités dans cet article sont au nombre de dix. Toutefois, il faut remarquer que cet art. 31, ainsi qu'il ressort de son texte même, n'est qu'énumératif et non pas limitatif et que la plus grande latitude est laissée au chef de l'État pour l'appréciation de la gravité des circonstances qui peuvent entraîner la suppression de l'autorisation accordée par le préfet.

Sur la question de savoir si un recours est possible contre le décret portant retrait de l'autorisation, les auteurs sont partagés. Nous croyons, avec M. Gabriel Dufour (1), que, comme il s'agit ici d'un point relatif à l'intérêt public, le gouvernement a reçu, dans cette matière, un pouvoir absolu et sans contrôle, et que, par conséquent, le recours contentieux est une voie qui ne peut être prise lorsqu'il s'agit du retrait de l'autorisation.

____

(1) *Droit administratif expliqué*, t. VI, p. 411.

SECTION II

PLACEMENTS VOLONTAIRES

§ I

Entrée. — Admission des aliénés. — Formalités nécessaires pour le placement.

Admission des aliénés. — Quelles personnes peuvent demander le placement ? — Toute personne, en remplissant certaines formalités, peut requérir d'un directeur ou chef d'établissement l'admission, dans l'asile qu'il dirige, d'un individu aliéné. Cela résulte de l'art. 8 de la loi de 1838 qui indique parmi les formalités à remplir : « 1° une demande d'admission contenant les noms, profession, âge et domicile tant de la personne qui la formera que de celle dont le placement sera réclamé, et l'indication du degré de parenté, *ou, à défaut, de la nature des relations qui existent entre elles.* »

Ainsi, cela est certain, tout ami, tout voisin, toute autre personne même peut demander le placement d'un aliéné dans un asile ; cette disposition de la loi a été l'objet de vives critiques que nous exposerons plus tard, dans un chapitre spécial, et dont nous aurons à apprécier la valeur.

Quant à la demande faite par l'aliéné lui-même, elle doit être considérée comme valable, puisque c'est là un placement en quelque sorte plus volontaire que tout autre, et c'est même, paraît-il, un fait qui se produit fréquemment dans la pratique que de voir un aliéné venir, sentant une

<table>
<tr><td>A. B.</td><td></td><td>7</td></tr>
</table>

crise approcher, demander lui-même son admission dans un établissement (1).

Le projet primitif du gouvernement ne permettait l'internement d'un aliéné dans un asile qu'après l'autorisation préalable de l'administration ; c'était là, était-il dit dans l'exposé des motifs, une garantie de plus pour la liberté individuelle. La commission de la Chambre, à l'examen de laquelle fut renvoyé le projet, supprima la nécessité de cette autorisation, et cela pour plusieurs raisons développées par M. Vivien dans son rapport fait à la Chambre des députés dans la séance du 18 mars 1837 (2).

En premier lieu, la demande et la délivrance de l'autorisation administrative exigeraient un certain laps de temps, entraîneraient forcément un certain retard qui pourrait rendre incurable un malade facilement guérissable, si le remède indiqué par les plus célèbres aliénistes comme pouvant, employé à temps, enrayer la maladie, c'est-à-dire l'isolement, avait pu être appliqué dès le début (3).

En deuxième lieu, la liberté individuelle ne peut recevoir aucune atteinte de cette suppression proposée par la commission, étant suffisamment protégée par d'autres garanties plus efficaces établies par la loi : responsabilité de ceux qui demandent le placement, du médecin qui

---

(1) Demolombe, t. VIII, p. 563 — Falret, *Des maladies mentales*, p. 741. — Maxime du Camp, *Paris*, p. 333. — M. Renaudin pense que, dans ce cas, la demande doit être reçue par le maire et qu'on ne saurait se contenter de celle écrite par le malade. — MM. Briand et Chaudé estiment qu'un aliéné, dans de telles conditions, doit non seulement former une demande, mais encore remplir les deux autres formalités de l'art. 8, c'est-à-dire qu'il doit produire le certificat d'un médecin constatant son état mental, et justifier de son individualité (*Manuel de médecine légale*, p. 553). — (2) *Moniteur* du 21 mars 1837. — (3) Falret, *Des maladies mentales,* p. 717 et 720. — Voir aussi le rapport de M. le marquis de Barthélemy (séance du 31 janvier 1838).

atteste la maladie, du chef d'établissement qui reçoit ; après l'admission, responsabilité du médecin qui fait une visite, du préfet et du procureur qui ne forment aucune opposition.

Enfin, en troisième lieu, les familles, qui, dans le cas où des difficultés seraient survenues, auraient pu se retrancher derrière l'autorisation préfectorale, encourent seules, dans le projet de la commission et dans l'article définitif, une responsabilité qui, de cette façon seulement, peut être effective (1).

Formalités nécessaires pour le placement (2).

Ces formalités sont indiquées dans l'art 8 de la loi.

PREMIÈRE FORMALITÉ. — Les directeurs d'asiles ne peuvent effectuer les placements faits autrement que par voie administrative, s'il ne leur est remis une demande d'admission contenant les noms, profession, âge et domicile tant de la personne qui la forme que de celle dont le placement est réclamé, et l'indication du degré de parenté, ou, à défaut, de la nature des relations qui existent entre elles.

Si la personne qui forme la demande ne sait pas écrire, elle doit la faire entre les mains du maire ou du commissaire de police qui en dresse acte.

Dans ce dernier cas seulement, les directeurs sont dispensés de la nécessité de vérifier l'individualité de la personne qui a demandé le placement ; dans tous autres, ils sont tenus de s'en assurer, sous leur responsabilité.

Le tuteur de l'interdit, qui requiert le placement dans

___

(1) Voir aussi le rapport de M. le marquis de Barthélemy (séance du 29 juin 1837). — (2) Ces formalités ont été tirées en partie d'une ordonnance de police du 9 août 1828, en usage à Paris.

un asile de l'interdit dont les intérêts lui ont été confiés, doit joindre à sa demande un extrait du jugement d'interdiction.

Nous avons vu déjà quelle était la portée et quel était le but de cette première formalité; nous avons vu que le premier alinéa de l'art. 8 permettait à toute personne de réclamer l'isolement d'un malade, mais qu'il la rendait responsable dans le cas où la demande était fondée sur des motifs injustes ou cupides; nous avons vu aussi que le but de cette disposition était de donner aux familles le moyen d'empêcher la maladie de se développer et de devenir incurable; nous n'y reviendrons donc pas.

Le projet de loi portait que toute demande d'internement devait être visée par le maire ou le commissaire de police. Cette disposition fut supprimée par la commission de la Chambre, et cela avec raison. C'est qu'en effet elle offrait un double inconvénient; et d'abord elle était trop vague, ne précisant pas quel était le commissaire de police ou le maire dont le visa était exigé. Etait-ce celui du domicile de la personne qui formerait la demande, ou celui du domicile du malade? Le projet ne l'indiquait pas. Cette disposition avait en outre le tort, étant donné qu'il pouvait arriver que le visa fût refusé, de sembler exiger la nécessité d'une autorisation préalable, ce que précisément on voulait éviter. Si elle n'avait pour but que de constater l'individualité de la personne qui formait la demande, elle était insuffisante, et le meilleur moyen d'arriver à cette constatation était de la confier au directeur, en lui en laissant toute la responsabilité. C'est en ce sens que la commission modifia le projet de loi et que fut rédigé l'article 8 définitif (1).

---

(1) Rapport de M. Vivien (séance du 27 mars 1838).

Deuxième formalité. — Les directeurs des établissements doivent en outre exiger un certificat de médecin constatant l'état mental de la personne à placer et indiquant les particularités de sa maladie et la nécessité de faire traiter la personne désignée dans un établissement d'aliénés et de l'y tenir enfermée.

Ce certificat ne peut être admis s'il a été délivré plus de quinze jours avant sa remise au chef ou directeur, s'il est signé d'un médecin attaché à l'établissement, ou si le médecin signataire est parent ou allié, au second degré inclusivement, des chefs ou propriétaires de l'établissement ou de la personne qui fait exécuter le placement.

En cas d'urgence, les chefs des établissements publics peuvent se dispenser d'exiger le certificat du médecin.

Le certificat, dont il est parlé dans l'alinéa 2 de l'art. 8, constitue la plus importante des formalités exigées pour l'admission de la demande d'internement. Aussi voit-on que la loi a insisté particulièrement sur ce point et qu'elle a décrit minutieusement les conditions que ce certificat doit remplir, de façon qu'il ne puisse devenir une formalité illusoire. Elle va même jusqu'à exiger l'indication, dans le certificat, des particularités de la maladie et de la nécessité de faire interner la personne désignée. On comprend que, dans de telles conditions, l'honneur et même la responsabilité d'un médecin sont engagées à ce qu'il ne délivre pas un certificat à la légère et sans les motifs les plus impérieux (1).

Il faut que le certificat n'ait pas plus de quinze jours de date au moment de sa remise au chef ou directeur. Cette disposition a pour but d'empêcher que la personne qui

____

(1) Tardieu, *Étude médico-légale sur la folie*, p. 22. — Renaudin, *Commentaires médico-administratifs sur le service des aliénés*, p. 51.

demandé l'admission d'un individu qu'elle prétend aliéné, puisse faire usage d'un certificat délivré au moment où cet individu était malade, certificat qui a pu perdre depuis toute valeur, par suite de la disparition de la maladie survenue postérieurement à la délivrance du certificat.

La loi énumère ensuite quelques prohibitions relatives à la parenté entre les médecins et un certain nombre de personnes, laquelle pourrait faire naître quelques soupçons sur la complaisance du médecin à délivrer le certificat, et diminuer dans une certaine mesure les garanties qu'exige un acte aussi important que la séquestration d'une personne.

Le certificat dont il vient d'être parlé est la condition nécessaire de l'admission d'une demande. « Votre commission, dit le rapporteur à la Chambre des pairs, espère que vous approuverez les sages précautions de la loi et celles qu'elle vous propose. On ne saurait prendre trop de précautions avant l'admission, pour éviter des détentions injustes et pour empêcher qu'un délire temporaire provenant de la fièvre, de l'enivrement ou de tout autre excitant ne soit confondu avec la folie (1). »

Dans un seul cas, le certificat n'est pas exigé, c'est quand il est urgent que le malade soit immédiatement isolé, et encore ne s'agit-il ici que d'admission dans un établissement public.

TROISIÈME FORMALITÉ. — Il doit être remis au chef d'établissement un passe-port ou toute autre pièce propre à constater l'individualité de la personne à placer. Il est facile de voir l'importance de cette disposition par son but, qui est d'empêcher toute substitution de personnes,

---

(1) Séance du 29 juin 1837.

et, dans le cas où il s'en produirait quelqu'une, de permettre de la découvrir rapidement.

QUATRIÈME FORMALITÉ. — Il doit être fait mention de toutes les pièces produites dans un bulletin d'entrée qui est envoyé dans les vingt-quatre heures, avec un certificat du médecin de l'établissement et la copie de celui dont il a été parlé ci-dessus, au préfet de police à Paris, au préfet ou au sous-préfet, dans les communes chefs-lieux de département ou d'arrondissement, et aux maires dans les autres communes. Le sous-préfet ou le maire en fait immédiatement l'envoi au préfet.

Cette dernière formalité relative à l'entrée est destinée à préparer celles dont nous allons parler et qui sont relatives au séjour des aliénés dans les établissements (1).

§ II

Séjour des aliénés dans les asiles. — Mesures prises par la loi pour empêcher les séquestrations arbitraires.

Malgré toutes les précautions qu'il a prises pour rendre impossible l'internement d'un individu non malade, malgré les responsabilités qu'il a établies sur ce point, le législateur a dû cependant prévoir le cas où une séquestration arbitraire se produirait et prendre des mesures destinées à empêcher qu'elle se prolonge en tous cas au-delà de quelques jours.

1° Dans un délai de trois jours, à partir de la réception du bulletin d'entrée, le préfet doit déléguer un ou plusieur médecins, avec mission de constater l'état mental de

---

(1) Notons que l'on peut considérer comme placements volontaires ceux des militaires ou des prisonniers aliénés opérés par les intendants militaires ou les directeurs de prison, lorsque la maladie dont ces aliénés sont atteints n'est pas de nature à compromettre l'ordre public.

la personne désignée dans le bulletin et d'en faire un rapport sur-le-champ ; il peut leur adjoindre telle personne
qu'il juge à propos. Il faut remarquer que cet art. 9
n'est applicable qu'aux établissements privés ; la formalité qu'il édicte a été supprimée par la Chambre des pairs
pour les établissements publics par ce motif qu'elle deviendrait bientôt illusoire en ce qui les concerne, par suite
du nombre considérable de malades qui y sont reçus chaque jour (1). Quant aux frais auxquels donne lieu cette
contre-visite, la loi de finances du 25 juin 1841 les met à
la charge des directeurs des établissements dans lesquels
elle est opérée (art. 29).

2° Dans un délai de trois jours également, le préfet est
tenu de notifier administrativement les noms, profession
et domicile tant de la personne placée que de celle qui a
demandé le placement, et les causes du placement : 1° au
procureur de la République de l'arrondissement du domicile de la personne placée. 2° Au procureur de la République de l'arrondissement de la situation de l'établissement ; ce sont en effet ces fonctionnaires qui sont chargés
d'empêcher les séquestrations arbitraires et d'en poursuivre les auteurs. La disposition de l'art. 10 s'applique tant
aux établissements publics qu'aux établissements privés.

3° Nous avons vu que la personne placée, en arrivant
dans l'établissement, est soumise à un examen du médecin de l'asile qui doit adresser immédiatement au préfet
un certificat constatant l'état du malade (art. 8, dernier
paragraphe). Mais cet examen est nécessairement superficiel, surtout lorsqu'il s'agit de maladies aussi difficiles à
observer que l'aliénation mentale. Aussi la loi exige-t-elle
qu'après un délai de quinze jours, le médecin, qui pen-

____

(1) Séance du 29 juin 1837.

dant tout ce temps a soigné le malade, qui l'a vu tous les jours, qui a pu alors se rendre exactement compte de la situation du malade, adresse au préfet un nouveau certificat confirmant ou rectifiant, s'il y a lieu, les observations contenues dans le premier certificat et indiquant le retour plus ou moins fréquent des accès de démence (1) (art. 11).

4° Chaque chef d'établissement est astreint à tenir un registre qui doit être présenté à toute réquisition des personnes chargées de visiter les asiles par l'art. 4 de la loi et sur lequel elles apposent leur visa et consignent leurs observations. Sur ce registre doivent être inscrits :

A). Les noms, profession, âge et domicile des personnes placées dans les établissements.

B) La mention du jugement d'interdiction, si elle a été prononcée et le nom du tuteur ;

C) La date du placement ;

D) Les noms, profession et demeure de la personne, parente ou non parente qui l'a demandé ;

E) Le certificat du médecin joint à la demande d'admission ;

F) Les certificats que le médecin de l'établissement doit adresser à l'autorité, conformément aux art. 8 et 11 ;

G) La mention des changements survenus dans l'état mental de chaque malade ; cette mention doit être faite par les soins du médecin de l'établissement.

L'art. 11 que nous venons de voir est applicable tant aux établissements publics qu'aux établissements privés, tant aux placements volontaires qu'aux placements d'office (2). Toutefois nous verrons, à propos de l'art. 18 que,

---

(1) Rapport de M. le marquis de Barthélemy (séance du 29 juin 1837). —
(2) Rapport de M. le marquis de Barthélemy (séance du 31 janvier 1838).

lorsqu'il s'agit des placements d'office, la loi exige l'inscription sur le registre de certaines mentions qui ne peuvent être faites lorsqu'il s'agit de placements volontaires.

5° L'art. 4 prescrit une dernière mesure de surveillance en même temps que de contrôle; il est ainsi conçu :

« Le préfet et les personnes spécialement déléguées à cet effet par lui ou par le ministre de l'intérieur, le président du tribunal, le procureur du roi, le juge de paix, le maire de la commune, sont chargés de visiter les établissements publics ou privés, consacrés aux aliénés. Ils recevront les réclamations des personnes qui y seront placées, et prendront, à leur égard, tous renseignements propres à faire connaître leur position. Les établissements privés seront visités, à des jours indéterminés, une fois au moins chaque trimestre, par le procureur du roi de l'arrondissement. Les établissements publics le seront de la même manière, une fois au moins par semestre. »

Lorsque l'art. 4 fut discuté devant les Chambres, il fut l'objet de vives critiques, à la suite des observations faites, par la plupart des médecins aliénistes et en particulier par Esquirol, d'après lesquels ces visites réitérées et nombreuses exigées par la loi devaient produire le plus déplorable effet sur la santé des malades en provoquant chez eux une excitation générale que la seule présence du médecin suffit à faire naître pendant les visites journalières. On a répondu à ces reproches qu'il est bien vrai qu'il faut avoir égard à la malheureuse situation des malades, mais que d'un autre côté on ne saurait entourer de trop de garanties la liberté individuelle (1).

Dans le projet de loi le procureur du roi devait avoir

_____

(1) Duvergier, *Notes sur la loi de 1858.*

la faculté de déléguer les juges de paix pour le remplacer dans ces visites. Les commissions des deux Chambres supprimèrent ce droit de délégation qui serait devenu une habitude constante et aurait bientôt rendu illusoire la prescription de la loi relative au contrôle des procureurs (1).

Ainsi l'art. 4 établit trois catégories de personnes ayant pour mission de visiter les asiles d'aliénés.

1° Les préfets,
Le président du tribunal,
Le procureur de la République,
Le juge de paix,
Le maire de la commune ;

2° Des délégués du préfet ;

3° Des délégués du ministre de l'intérieur (ordinairement les inspecteurs généraux du service des aliénés) (2).

L'art. 4 ne parle pas des procureurs généraux et des premiers présidents de cour d'appel. Il avait été question, pendant la discussion, de les inscrire dans la nomenclature des personnes devant visiter les asiles ; mais on fit remarquer que cette disposition était inutile en présence de l'art. 616 du Code d'instruction criminelle. Cette observation n'était cependant pas complètement juste. De ce que les premiers présidents et les procureurs généraux ne sont pas compris dans l'énumération de l'art. 4, il faut en conclure qu'ils ne sont pas astreints, comme les fonctionnaires dont il est parlé dans cette énumération, à des visites obligatoires, mais qu'ils sont seulement tenus de se rendre dans les établissements d'aliénés lorsqu'un fait de détention arbitraire leur est signalé.

---

(1) Rapport de M. Vivien (séance du 27 mars 1838) et rapport de M. le marquis de Barthélemy (séance du 22 mai 1838). — (2) Décrets du 25 novembre 1848, du 18 janvier 1852 et du 20 mars 1856.

Une ordonnance du 2 mai 1844 fixe les indemnités dues aux magistrats pour les frais occasionnés par ces visites ; elle renvoie sur ce point au décret du 18 juin 1811 et décide qu'elles seront payées sur les fonds affectés aux frais de justice criminelle.

Les personnes chargées par le législateur de visiter les établissements d'aliénés ont, ainsi qu'il ressort de la discussion de la loi, une double mission : une mission relative à l'administration des asiles et une mission relative aux personnes séquestrées ; relativement à la première, elles ont le droit de faire un rapport à l'administration locale qui aura promptement raison des abus signalés ; relativement à la seconde, elles peuvent présenter aux autorités judiciaires un rapport qui amènera aussitôt une enquête dont le résultat fera la pleine lumière sur la détention qui avait éveillé les soupçons du visiteur (1).

L'art. 12, dont nous avons eu déjà occasion de parler et qui prescrit la tenue d'un registre spécial dans chaque établissement, exige dans son dernier alinéa que ce registre soit soumis aux personnes dont il est parlé dans l'art. 4 ; elles doivent y apposer leur visa, leur signature et leurs observations, s'il y a lieu, mais seulement après la visite terminée. Les motifs de cette dernière disposition ont été présentés ainsi par M. le marquis de Barthélemy : « C'est au moment où les personnes chargées de visiter l'établissement y arrivent, que le registre doit leur être communiqué, afin qu'elles puissent connaître, à l'avance, les malades qui doivent particulièrement fixer leur attention. Afin d'éviter que leur visa ne devienne une formalité illusoire, ce n'est qu'en sortant qu'elles doivent le

______

(1) *Moniteur* du 9 février 1838.

consigner sur le registre, ainsi que leurs observations, s'il y a lieu (1). »

Le médecin est tenu de consigner sur ce registre, au moins tous les mois, les changements survenus dans l'état mental de chaque malade. Ce registre constate également les sorties et les décès. Il doit être soumis aux personnes qui, d'après l'art. 4, ont le droit de visiter l'établissement, lorsqu'elles se présentent pour en faire la visite ; après l'avoir terminée, elles doivent apposer sur le registre leur visa, leur signature et leurs observations, s'il y a lieu (art. 12).

§ III

Sortie.

I. *Par suite de guérison constatée.* — Lorsque les médecins d'un établissement ont constaté, sur le registre dont la tenue est prescrite par l'art. 12, la guérison d'une personne isolée pour cause d'aliénation mentale, cette personne doit immédiatement cesser d'être retenue. Sur cette seule constatation, le directeur d'un établissement doit mettre en liberté sur-le-champ l'individu interné, même malgré l'opposition de la famille. Toutefois, selon M. Dalloz, il aurait un moyen d'empêcher la déclaration des médecins de produire l'effet que lui attribue l'art. 13 ; ce serait de demander au maire un sursis provisoire à la sortie, par induction de l'art. 14. D'après M. Leviez, il y en aurait un autre, ce serait d'obtenir du préfet la transformation du placement volontaire en placement d'office, opération qui, d'après l'art. 21, aurait pour effet d'empê-

____

(1) Séance du 31 janvier 1838.

cher la personne aliénée d'être retirée de l'établissement sans l'autorisation de ce fonctionnaire, si ce n'est pour être placée dans un autre établissement (1).

Le deuxième alinéa de l'art. 13 ordonne que, dans le cas où il s'agit d'un mineur ou d'un interdit, il soit immédiatement donné avis de la déclaration des médecins aux personnes auxquelles il doit être remis et au procureur de la République. Cette prescription est une de celles qui sont visées par l'art. 41 de la loi ; en ne s'y conformant pas, les directeurs des établissements s'exposent à l'application des peines édictées dans cet article.

II. *Sur la réquisition de certaines personnes.* — Ces personnes, désignées dans l'art. 14, sont :

1° Le curateur à la personne, nommé en exécution de l'art. 38, et sur les attributions duquel nous reviendrons dans un chapitre spécial.

2° L'époux ou l'épouse, même mineurs, selon nous, car le mariage a eu pour effet d'émanciper les conjoints et de leur permettre d'exercer tous les droits que donne le titre d'époux.

3° Les ascendants, mais seulement dans le cas où il n'y a pas d'époux ou d'épouse.

4° Les descendants, s'il n'y a pas d'ascendants.

La loi, prévoyant le cas de dissentiment soit entre les ascendants, soit entre les descendants, interdit au chef de l'établissement qui a reçu une opposition constatant ce dissentiment, de mettre en liberté l'individu séquestré tant que le conseil de famille n'a pas statué. Elle indique que la notification de l'opposition doit, pour être valable, être faite « par un ayant-droit. »

---

(1) *Dictionnaire de l'administration française* (Maurice Block), verbo *Aliéné*, n° 68.

Selon nous, la loi, en employant cette expression, a entendu que l'opposition pourrait être faite seulement par un ascendant ou un descendant, suivant que le dissentiment se serait élevé dans l'une ou dans l'autre de ces catégories de personnes, et non par toute personne désignée dans l'art. 14 ; cette solution nous semble résulter de l'esprit général de la loi.

5° La personne qui a signé la demande d'admission, à moins qu'un parent n'ait déclaré s'opposer à ce qu'elle use de cette faculté sans l'assentiment du conseil de famille.

Dans le projet de loi qui précéda la rédaction définitive, on exigeait toujours l'assentiment du conseil de famille. Sur la proposition du rapporteur de la commission, la Chambre des pairs modifia cette disposition défavorable surtout à l'aliéné, et la remplaça par celle de l'art. 14 actuel qui rend plus facile la sortie d'un individu dont la maladie n'est pas bien dangereuse pour l'ordre public, puisque l'autorité n'était pas intervenue dans le placement (1).

6° Toute personne à ce autorisée par le conseil de famille.

Nous venons de voir quelles personnes peuvent demander la sortie d'un individu enfermé dans un établissement d'aliénés ; mais le médecin qui a visité chaque jour le malade et lui a donné ses soins peut juger sa sortie dangereuse pour l'ordre public et la sûreté des personnes ; l'art. 14 lui donne un moyen d'empêcher la sortie d'avoir lieu. Ce moyen est le suivant : Le médecin donne connaissance au maire des motifs qui lui font regarder comme dangereuse la mise en liberté du malade ; celui-ci peut

---

(1) Rapport de M. le marquis de Barthélemy (séance du 22 mai 1838).

ordonner immédiatement un sursis provisoire à la sortie, à la charge d'en référer dans les vingt-quatre heures au préfet. Si, dans un délai de quinze jours, le préfet n'a pas donné d'ordre contraire, ce sursis provisoire cesse de plein droit ; si, au contraire, il juge les raisons du médecin suffisantes pour empêcher la sortie, il peut user du pouvoir que lui donne l'art. 21 et prescrire que la personne malade ne sorte de l'établissement sans son autorisation que pour être placée dans un autre établissement.

Tout ce que nous venons de dire s'applique aux majeurs non interdits. La loi, prévoyant l'hypothèse où la personne aliénée serait un mineur ou un interdit, dispose, dans le dernier alinéa de l'art. 14, que le tuteur seul peut requérir sa sortie.

M. Demante pense que l'art. 14 de la loi de 1838 n'est pas en harmonie, quant à la disposition relative à l'interdit, avec l'art. 510 du Code civil, d'après lequel c'est le conseil de famille seul qui décide le point de savoir si l'interdit sera traité dans son domicile ou placé dans une maison de santé (1).

M. Demolombe pense, au contraire, qu'il n'y a pas contradiction entre les deux articles ; selon lui, l'art. 14 entend simplement dire que les personnes comprises dans la première partie ne pourront requérir la sortie ; que le tuteur seul le pourra, mais seulement dans les limites de son pouvoir et suivant les conditions auxquelles l'exercice en est soumis (2).

D'après M. Leviez, qui prévoit probablement le cas où le tuteur refuserait de requérir la sortie du mineur ou de

____

(1) *Programme du cours de droit civil*, t. I, p. 292. — (2) *Code Napoléon*, t. VIII, p. 603.

l'interdit sur les ordres du conseil de famille, celui-ci aurait le droit de faire opérer la sortie par une personne quelconque (art. 14, 6°) ; selon lui, cela résulte de ce que le tuteur est, pour ses principaux actes, et notamment pour ceux qui touchent à la garde et à la disposition de la personne de l'interdit ou du mineur, soumis à l'autorité du conseil de famille (C. civ. art. 510 et 468) (1).

Pour les mineurs soumis à l'autorité paternelle, ils ne peuvent être retirés d'un asile d'aliénés que par leur père, et cela par *a fortiori* du dernier alinéa de l'art. 14, puisque les pouvoirs que la loi accorde au père sont beaucoup plus étendus que ceux qu'elle accorde au tuteur.

Le curateur d'un mineur émancipé doit être admis à requérir la sortie, bien que la loi civile ne l'ait chargé spécialement que des intérêts pécuniaires du mineur ; la même solution doit être donnée en ce qui concerne le conseil judiciaire d'un prodigue. La bienveillance dont ils sont tenus à l'égard de ceux que la loi les a chargés de protéger suffit pour justifier cette décision (2).

L'art. 15 exige que les chefs des établissements avertissent l'autorité administrative de la sortie de l'aliéné, lui fassent connaître qui le retire et lui indiquent, autant que possible, le lieu où il a été conduit.

Comme l'art. 15 ne vise que les fonctionnaires désignés par le dernier alinéa de l'art. 8, il s'ensuit que le procureur de la République ne reçoit pas avis de la mise en liberté, tandis que la loi ordonne que le placement lui soit notifié ; c'est, qu'en effet, lorsqu'il s'agit du placement, il peut y avoir quelque danger pour la liberté individuelle, tandis que lorsqu'il s'agit de la sortie elle ne peut courir aucun risque.

---

(1) *Dictionnaire de l'administration française*, 1881, verbo *Aliéné*, n° 79.
— (2) Dalloz, *Répertoire de jurisprudence*, verbo *Aliéné*, n°s 149 et 150.

Il résulte de cet art. 15 que, dans la demande de sortie, comme dans la demande d'entrée, la personne qui requiert la mise en liberté doit être désignée clairement, de façon qu'aucun doute ne puisse s'élever sur son individualité.

III. — *Par ordre du préfet.* — Le préfet, dit l'art. 16, pourra toujours ordonner la sortie immédiate des personnes placées volontairement dans les asiles d'aliénés. Ce troisième moyen est un complément nécessaire des deux précédents, ainsi que l'a fait ressortir clairement le rapporteur de la commission à la Chambre des pairs (1). « Un médecin peut s'abuser involontairement sur l'état d'un malade, ou bien, aveuglé par l'intérêt privé, peut vouloir prolonger le séjour d'un pensionnaire ; des collatéraux, qui ont de puissants motifs pour faire retenir un de leurs parents, afin d'éviter des dispositions qui leur nuiraient, auront gagné ou corrompu un gouverneur sans probité. Il importe, dans tous ces cas, que le préfet, éclairé par ses délégués ou de toute autre manière, puisse, malgré l'opposition de la famille ou des médecins, prescrire en tous cas la sortie immédiate. »

Nous pensons que, quelle que soit la personne qui ait demandé le placement, fût-ce même le tuteur ou le père, quel que soit l'avis des médecins, l'ordre du préfet doit toujours et immédiatement faire cesser la séquestration, et que les chefs d'établissements s'exposeraient à une très lourde responsabilité et à des pénalités très graves, s'ils ne s'y conformaient sur-le-champ.

Comment s'opère la sortie. — L'art. 17 dispose qu'en aucun cas l'interdit ne peut être remis qu'à son tuteur et le mineur qu'à ceux sous l'autorité desquels il est placé par la loi.

____

(1) Séance du 29 juin 1837.

Il peut arriver qu'un mineur ne soit pas pourvu d'un tuteur ; dans ce cas, il pourrait être remis à ses ascendants, tous les auteurs étant à peu près d'accord pour leur donner le droit de requérir la sortie.

S'il s'agissait d'un individu pourvu d'un conseil judiciaire, il devrait être remis à ce conseil, ou, à défaut et par assimilation, aux personnes sous l'autorité desquelles la loi place le mineur, sauf au préfet à prévenir le procureur de la République de la sortie et des conditions dans lesquelles elle s'est opérée.

SECTION III

PLACEMENTS ORDONNÉS PAR L'AUTORITÉ PUBLIQUE

§ I

Entrée (1).

La loi devait prévoir le cas où un individu atteint de folie dangereuse resterait en liberté parce que personne ne demanderait son internement dans un asile ; il est évident que la société, étant menacée par un tel état de choses, il fallait lui donner un moyen de le faire cesser ; c'est ce qu'a fait la loi de 1838. Le premier alinéa de l'art. 18 est ainsi conçu : « A Paris, le préfet de police, et dans les départements les préfets, ordonneront d'office le placement, dans un établissement d'aliénés, de toute

____

(1) Voir, au sujet de la façon dont il est procédé à Paris en matière de placement d'office, le *Journal des Économistes*, année 1876, t. XLIV, p. 378, et l'ouvrage de M. Maxime du Camp, *Paris*, p. 340.

personne interdite ou non interdite, dont l'état d'aliénation compromettrait l'ordre public ou la sûreté des personnes. »

Quels aliénés faut-il comprendre dans cette catégorie,
contre laquelle l'administration peut employer la mesure
de la séquestration ?

Le législateur ne pouvait naturellement rien préciser
sur ce point; il a laissé l'appréciation de la gravité des
faits au fonctionnaire qui, chargé de prendre une décision,
en supporte aussi toute la responsabilité (1). Toutefois,
un certain nombre de circulaires ministérielles ont donné
aux préfets des indications sur ces points délicats ; une
décision du ministre de l'intérieur en date du 3 décembre
1845, rendue sur les observations de la plupart des médecine aliénistes et en particulier de M. le docteur Par-
chappe et de M. l'inspecteur général Ferrus, autorise les
préfets à considérer comme aliénés les imbéciles et les
idiots, et par suite, leur accorde sur eux le droit de
séquestration dans l'hypothèse prévue par l'art. 18.

MM. Dalloz (2) et Demolombe (3), ainsi que la plupart
des jurisconsultes, pensent que l'autorité administrative
ne peut faire interner un aliéné considéré comme dangereux lorsqu'il est soigné au sein de sa famille, et lorsque
la surveillance à laquelle il est soumis est telle que la
sécurité publique n'a rien à craindre, puisqu'on n'a pas à
redouter le danger qui précisément a motivé la disposition
de l'art. 18. La plupart des médecins aliénistes soutiennent au contraire que ces séquestrations à domicile
sont funestes à la santé du malade, qu'elles sont contraires
à la loi et enfin que dans les cas où on les autorise, on

____

(1) *Revue générale d'administration* (M. Block), 1878, t. II, p. 336. —
(2) *Répertoire de jurisprudence*, verbo *Aliéné*, n° 156. — (3) T. VIII, p. 558.

devrait toujours considérer la maison dans laquelle le malade est retenu comme un asile privé et la soumettre à la surveillance légale imposée aux établissements de ce genre (1).

Le préfet dont il est parlé dans l'art. 18 est le préfet du département où se trouve l'aliéné; il est tenu de prévenir le préfet du département dans lequel se trouve l'asile où le malade doit être transféré, et celui du département où il a son domicile, afin que ce dernier fonctionnaire puisse avertir la famille et la mettre en situation d'aviser aux mesures à prendre à l'égard du malade (2).

Le deuxième alinéa de l'art. 18 exige que l'ordre de séquestration, émané du préfet, soit motivé et énonce les circonstances qui l'ont rendu nécessaire. Le but de la loi est facile à découvrir : elle veut que les actes de folie soient énoncés dans l'acte pour que la personne séquestrée ou sa famille puissent, le cas échéant, prouver la fausseté ou la non existence des faits énoncés et obtenir le retrait de l'ordre.

Une deuxième formalité est exigée par l'art. 18 pour le cas de placement forcé, c'est la transcription de l'ordre sur un registre semblable à celui qui est prescrit par l'art. 12 dont toutes les dispositions sont applicables aux individus placés d'office (3).

L'art. 18 ne suppose pas que le péril dont l'ordre public est menacé par l'aliéné soit actuel ; il suffit, pour que le préfet ait le droit d'user du pouvoir qui lui est conféré par cet article, qu'on puisse craindre que ce danger se réalise par la suite.

Mais il est certains cas, de folie furieuse par exemple,

---

(1) Renaudin, *Service des aliénés,* p. 54. — (2) *Journal du Palais,* verbo *Aliéné,* nᵒ 104; Dalloz, nᵒ 157. — (3) Voir à la page 105.

où des mesures urgentes sont nécessaires ; ainsi un fou, laissé en liberté, parcourt les rues et menace les passants, ou un mélancolique, ayant pris la vie en dégoût, cherche à se suicider ; la loi donne alors aux commissaires de police à Paris, aux maires dans les autres communes, un pouvoir illimité en ce qui concerne les précautions à prendre ; mais ces mesures sont absolument provisoires et la loi oblige ceux à qui elle permet de les prendre, à en référer dans les vingt-quatre heures au préfet qui doit statuer sur-le-champ (1).

L'art. 24 dispose que les hospices et hôpitaux civils sont tenus de recevoir provisoirement les personnes qui leur sont adressées en vertu des art. 18 et 19, jusqu'à ce qu'elles soient dirigées sur l'établissement spécial destiné à les recevoir.

MM. Durieu et Roche pensent que, dans les cas d'urgence, les sous-préfets peuvent, comme les maires et commissaires de police, prendre des mesures provisoires, sous la même condition, c'est-à-dire à la charge d'en référer au préfet dans les vingt-quatre heures. — Ils sont les représentants du préfet dans leur arrondissement, et peuvent en général faire, sauf son approbation, tous les actes qui n'ont pas été expressément réservés à ce dernier (2).

Il doit être rendu compte au ministre de l'intérieur des ordres donnés en vertu des art. 18 et 19 (art. 22).

---

(1) Voir l'exposé des motifs fait par le Ministre de l'intérieur à la Chambre des pairs (séance du 15 janvier 1838). — (2) *Répertoire du Palais*, verbo *Aliéné*, n° 112.

§ II

Séjour et maintenue des aliénés dans les asiles.

La section 2 du titre II de la loi contient un certain nombre de dispositions qui ont pour but de garantir, les unes la liberté individuelle, les autres la sécurité publique.

1° L'art. 18 2° prescrit la tenue d'un registre semblable à celui qui est prescrit, par l'art. 12, à la section relative aux placements volontaires. Ce registre doit en outre contenir un certain nombre d'énonciations désignées dans l'art. 18.

2° La loi (art. 20) dispose que, dans le premier mois de chaque semestre, les chefs d'établissements sont tenus d'envoyer aux préfets un rapport rédigé par le médecin de l'établissement sur l'état et la nature de la maladie de chaque personne, ainsi que sur les résultats du traitement.

Cette prescription s'applique aux placements volontaires comme aux placements forcés (1); mais le deuxième alinéa de l'art. 20 ne s'applique qu'aux placements ordonnés par l'autorité publique (2) ; il est ainsi conçu : « Le préfet prononcera sur chacune (chaque personne retenue) individuellement, ordonnera sa maintenue dans l'établissement ou sa sortie. » D'ailleurs, il est évident que si un ordre spécial du préfet était exigé, par semestre, pour chaque aliéné, il y en aurait pour chaque asile un nombre tellement considérable, que ces ordres ne pourraient être faits d'une façon sérieuse et n'offriraient aucune garantie.

____

(1) Circulaire ministérielle du 25 juin 1840. — (2) *Idem.*

3° L'art. 21 contient une disposition relative à la sécurité publique ; il permet au préfet, sous la condition de certaines formes prescrites par le deuxième paragraphe de l'art. 18, de décerner un ordre spécial à l'effet d'empêcher qu'un aliéné, qu'il considère comme dangereux pour l'ordre public ou la sécurité des personnes, puisse sortir d'un établissement sans son autorisation, si ce n'est pour être placé dans un autre établisssement ; l'art. 21 est relatif aux personnes dont le placement a été volontaire.

Nous avons déjà vu un cas d'application de l'art. 21 à propos de l'avant-dernier paragraphe de l'art. 14 (1) ; il s'agit du cas où le médecin de l'établissement veut s'opposer à la mise en liberté, demandée par la famille, d'un aliéné qu'il considère comme dangereux ; il peut alors demander au maire un ordre de sursis à la sortie ; celui-ci peut l'accorder, mais à la charge d'en référer au préfet qui, conformément à l'art. 21, a le droit de transformer le sursis provisoire en sursis définitif, mais à la condition de le faire dans la quinzaine.

Le projet de loi ne parlait que des personnes dont l'état mental pouvait compromettre l'ordre et la sûreté publique ; la commission de la Chambre des pairs substitua à ces deux derniers mots ceux de « ordre public et sûreté des personnes, » pour permettre aux préfets d'empêcher la sortie des individus qui leur seraient désignés comme ayant la monomanie du suicide, ce qui leur aurait été impossible avec l'ancienne rédaction (2).

Les formes dont nous avons parlé, exigées pour l'ordre de maintenue décerné par le préfet, sont celles qui sont indiquées dans l'art. 18, deuxième paragraphe, pour les

---

(1) Voir page 111. — (2) Rapport de M. le marquis de Barthélemy (séance du 31 janvier 1838).

ordres de placement, c'est-à-dire que cet ordre doit être motivé et énoncer les circonstances qui l'ont rendu nécessaire; il doit en outre être transcrit sur le registre tenu en vertu des art. 12 et 18 de la loi.

Les chefs d'établissements qui ne se conformeraient pas à l'ordre de maintenue délivré par le préfet, s'exposeraient aux pénalités portées par l'art. 41, c'est-à-dire, comme nous le verrons, à un emprisonnement de 5 jours à un an et à une amende de cinquante francs à trois mille francs, ou à l'une ou l'autre de ces peines.

4° L'art. 22 prend enfin une dernière série de mesures destinées à rendre impossible la maintenue, dans un établissement d'aliénés, d'un individu guéri de la maladie pour laquelle il a été séquestré: « Les procureurs du roi seront informés de tous les ordres donnés en vertu des art. 18, 19, 20 et 21.

Ces ordres seront notifiés au maire du domicile des personnes soumises au placement, qui en donnera immédiatement avis aux familles.

Il en sera rendu compte au ministre de l'intérieur.

Les diverses notifications prescrites par le présent article seront faites dans les formes et délais énoncés en l'art. 10. »

Ainsi, d'après l'art. 22, le préfet doit notifier administrativement, dans un délai de trois jours, au procureur de l'arrondissement où se trouve l'asile et à celui de l'arrondissement où est domicilié l'aliéné, soit les arrêtés de placement direct (art. 18) ou de placemeut intervenu à la suite des mesures provisoires prises par les commissaires de police ou les maires (art. 19), soit les ordres de maintenue (art. 20) ou de conversion de placement volontaire en placement forcé (21).

Le maire du domicile de la personne soumise au placement doit donner immédiatement avis de la séquestration à la famille et la mettre ainsi en mesure de réclamer, s'il y a lieu, contre la décision de l'autorité administrative.

Pareilles notifications doivent être faites au ministre de l'intérieur.

Plusieurs circulaires ministérielles sont intervenues sur cette matière; on peut citer en particulier celles du 28 décembre 1839, du 25 juin 1840 et du 28 décembre 1842.

§ III

Sortie.

Les principales règles que nous avons vues au paragraphe 3 de la section II, en ce qui concerne la sortie des personnes dont le placement a été volontaire, sont également applicables en ce qui concerne les personnes aliénées placées d'office par l'administration. Toutefois, nous trouvons entre les art. 13 et 23 une différence qu'il est bon de noter, en ce qui concerne les formalités exigées pour la sortie qui a lieu à la suite du certificat médical.

Lorsqu'il s'agit d'un individu placé volontairement, il suffit que les médecins de l'établissement aient déclaré sur le registre tenu en vertu de l'art. 12, que la guérison est obtenue; aussitôt après cette déclaration, les chefs des établissements doivent relaxer la personne désignée par le certificat. Lorsqu'il s'agit au contraire d'un individu placé d'office, se trouvant dans les mêmes conditions, c'est-à-dire ayant obtenu le certificat médical de guérison, les directeurs ne peuvent plus, de leur propre chef, le mettre en liberté; la loi leur impose alors l'obligation d'en référer immédiatement au préfet qui statue sans délai. Dans l'un et l'autre cas, les chefs d'établissements qui omettraient les prescriptions de la loi que nous venons d'examiner, s'exposeraient aux peines portées par l'art. 120 du Code pénal, auquel renvoie l'art. 30 de la loi de 1838.

Dans une autre hypothèse encore, les préfets peuvent ordonner la sortie des personnes dont le placement a eu lieu d'office ; c'est dans l'hypothèse prévue par l'art. 20 que nous avons examinée précédemment.

D'après l'art. 20, les chefs d'établissements sont tenus d'adresser aux préfets, dans le premier mois de chaque semestre, un rapport rédigé par le médecin de l'établissement sur l'état de chaque personne qui y est retenue, sur la nature de sa maladie et les résultats du traitement. Dans ce cas, les préfets doivent statuer individuellement sur chaque malade ; ils peuvent ordonner soit la maintenue, soit la sortie.

La circulaire ministérielle du 28 décembre 1842 prescrit aux préfets de considérer comme des sorties, pour la confection des états à envoyer au ministère de l'intérieur, les sorties par suite d'évasion ou de translation dans un autre établissement, ainsi que les sorties par guérison ou par décès.

Au sujet des sorties par décès, l'instruction ministérielle du 20 mars 1857 prescrit les dispositions suivantes : « En cas de décès d'un aliéné, le directeur est tenu d'en donner avis dans les 24 heures à l'officier de l'état civil, et de faire inscrire sur un registre spécial les détails et les renseignements nécessaires à la rédaction de l'acte de décès, conformément à l'art. 80 du Code Napoléon.

En cas de décès par suite de suicide ou de meurtre, le directeur appelle un officier de police à constater avec le médecin l'état du cadavre et les circonstances se rapportant au décès.

Le médecin en rédige un procès-verbal qui est transcrit sur le registre légal à la suite des annotations mensuelles (1). »

SECTION IV

DÉPENSES DU SERVICE DES ALIÉNÉS

§ I

Transport et dépenses de transport.

Avant la loi de 1838, nous l'avons vu, l'aliéné était traité non comme un malade, mais comme un être dangereux, et on cherchait avant tout à le mettre dans l'impossibilité de nuire ; ainsi, pendant la poursuite de l'interdiction, qui devait être obtenue pour qu'on pût enfermer un fou dans un établissement, on le plaçait provisoirement dans les maisons de détention, où il restait confondu avec les criminels dont il devenait la risée (2) ; c'était aussi dans les prisons que les malheureux aliénés étaient gardés pendant les voyages qu'exigeait leur transport à l'établissement qui devait les recevoir.

C'est à cet état de choses barbare que le législateur de 1838 a voulu remédier. L'art. 24 dispose que les hospices et hôpitaux civils sont tenus de recevoir provisoirement les individus aliénés, visés par les art. 18 et 19, pendant

---

(1) *Bulletin officiel du Ministère de l'intérieur,* année 1857, p. 74. — (2) Rapport de M. le marquis de Barthélemy (séance du 29 juin 1837) et rapport de M. Vivien (séance du 18 mars 1837).

le trajet qu'ils font pour se rendre à l'établissement spécial destiné à les recevoir.

C'est aussi dans les hospices et hôpitaux que, d'après le rapport cité plus haut, doivent être enfermés les aliénés indigents, mais non atteints de fureur, c'est-à-dire ceux que l'administration ne place pas d'office, mais que, sur la demande des familles, elle se charge de diriger sur les asiles d'aliénés (1).

« Dans toutes les communes où il existe des hospices ou des hôpitaux, continue l'art. 24, les aliénés ne pourront être déposés ailleurs que dans ces hospices ou hôpitaux. Dans les lieux où il n'en existe pas, les maires devront pourvoir à leur logement soit dans une hôtellerie, soit dans un local loué à cet effet. »

Une circulaire du ministre de l'intérieur, en date du 18 septembre 1838, a développé la partie de celle du 23 juillet 1838 relative au transport des aliénés et expliqué d'une manière nette et précise la portée de l'art. 24 ; elle fut faite en réponse aux objections de quelques préfets et maires qui, prétextant des difficultés que l'on rencontrait dans certaines localités pour trouver des locaux propres à la garde provisoire des aliénés, proposaient de continuer jusqu'à nouvel ordre, l'usage d'admettre les aliénés dans des maisons d'arrêt. Cette circulaire proscrit d'une façon absolue cet usage et rappelle aux préfets et aux maires la responsabilité qu'ils encourraient en se mettant ainsi en contradiction flagrante avec le texte précis de la loi du 30 juin 1838.

Le maître d'hôtellerie ou le propriétaire d'un local, dans

---

(1) Une circulaire du Ministre de l'intérieur, en date du 15 janvier 1866, a limité à quinze jours la durée maximum de ce séjour provisoire dans les hospices.

lequel on voudrait enfermer provisoirement un aliéné, pourraient refuser de louer au maire le local nécessaire ; ils ne le pourraient plus si le maire agissait par voie de réquisition. Dans ce cas, comme il s'agirait de l'ordre et de la sûreté publique, on pourrait, s'ils refusaient d'obtempérer à cette réquisition, leur faire application de l'art. 475, § 12 du Code pénal (1).

Les aliénés, qui ne peuvent être enfermés dans les maisons de détention, ne peuvent non plus être conduits au lieu de leur asile avec les condamnés ou les prévenus ; l'avant-dernier paragraphe de l'art. 24 est formel sur ce point (2).

L'art. 25 indique dans quel asile doivent être conduits les aliénés des départements. S'agit-il d'un individu dont le placement est ordonné par le préfet et dont la famille n'a pas demandé l'admission dans un asile privé ? Il doit être conduit dans l'établissement appartenant au département ou avec lequel il a traité. S'agit-il d'aliénés dont l'état mental n'est pas dangereux pour la sécurité publique, les familles peuvent les placer dans un établissement privé à leur choix ou dans un établissemennt public, « dans les formes, dans les circonstances et aux conditions qui seront réglées par le conseil général, sur la proposition du préfet et approuvées par le ministre » (art. 25). La loi du 10 août 1871 sur les conseils généraux a enlevé cette attribution au ministre, et l'approbation ministérielle est aujourd'hui remplacée par une délibération du conseil général (3) (art. 46, n° 17).

Le premier paragraphe de l'art. 26 règle la question

----

(1) Dalloz, *Rép. de jur.*, verbo *Aliéné*, n° 184. — (2) Voir les circulaires des 26 juin 1858, 18 février et 22 mai 1859. — (3) *Dictionnaire de l'administration française* (M. Block), verbo *Aliéné*, n° 126.

des dépenses de transport ; elles doivent être arrêtées par le préfet sur le mémoire des agents préposés au transport, mais seulement lorsqu'il s'agit de personnes dirigées sur les établissements par l'administration et lorsque leurs moyens ne sont pas suffisants pour payer ces dépenses (1).

Nous verrons dans le paragraphe suivant à la charge de qui doivent rester les frais du transport.

§ II

Dépenses d'entretien et de traitement.

Les deux derniers paragraphes de l'art. 26 indiquent par qui et de quelle façon doivent être réglées les dépenses occasionnées par le placement et le traitement des aliénés. « La dépense de l'entretien, du séjour et du traitement des personnes placées dans les hospices ou établissements publics sera réglée d'après un tarif arrêté par le préfet.

» La dépense de l'entretien, du séjour et du traitement des personnes placées par les départements dans les établissements privés sera fixée par les traités passés par le département, conformément à l'art. 1. »

Une circulaire ministérielle du 5 août 1839 recommande aux préfets d'établir diverses classes et divers prix de pension pour les personnes placées dans les établissements publics, de façon que les pensions des aliénés placés par le département où est situé l'établissement et celles des

---

(1) Depuis la loi du 18 juillet 1866, et actuellement sous l'empire de la loi de 1871, ce sont les conseils généraux qui sont compétents pour régler dans les asiles départementaux les frais de transport et ceux de séjour provisoire (voir circulaire ministérielle du 4 août 1866).

aliénés placés par les familles ou par les autres départements ne soient pas soumises au même tarif.

D'après la même circulaire, les préfets peuvent établir les tarifs comme ils l'entendent ; l'approbation ministérielle n'est pas exigée ; le ministre n'en connaît que dans les cas où il s'élève des réclamations contre les arrêtés des préfets.

Une circulaire du 14 août 1840 exigeait que l'arrêté du préfet fixant les tarifs fût pris chaque année ; cette disposition a été supprimée par la circulaire du 16 août 1845 qui prescrit de remplacer l'arrêté annuel par un arrêté inséré au recueil des actes administratifs de la préfecture et disposant que les prix demeureront réglés tels qu'ils l'ont été pour l'exercice courant jusqu'à ce qu'ils aient été modifiés par une décision ultérieure.

L'art. 26 de la loi du 30 juin 1838 ainsi que la circulaire du 5 août 1839 ne laissaient aux conseils généraux que le droit d'exprimer un avis sur la fixation des tarifs établis par les préfets ; la même disposition est conservée dans le décret sur la décentralisation administrative des 25-30 mars 1852 (art. 1, tableau A).

La loi du 18 juillet 1866 sur les conseils généraux leur donne l'attribution confiée précédemment aux préfets, lorsqu'il s'agit d'établissements départementaux, et la même décision se trouve reproduite dans la loi du 10 août 1871 (circ. du 8 octobre 1871) (1).

Après avoir vu par qui sont réglées soit les dépenses de transport, soit celles d'entretien, de séjour et de traitement, dont nous venons de parler, nous avons maintenant à rechercher par qui elles doivent être acquittées.

L'art. 27, premier paragraphe, est ainsi conçu : « Les

______

(1) Cabantous et Liégeois, *Droit administratif*, 6e édition, p. 297.

dépenses énoncées en l'article précédent seront à la charge des personnes placées ; à défaut, à la charge de ceux auxquels il peut être demandé des aliments aux termes des art. 205 et suivants du Code civil. »

Ainsi, en premier lieu, les dépenses doivent être acquittées par l'aliéné lui-même, sans qu'il y ait à distinguer s'il faut toucher aux revenus de ses capitaux ou à ses capitaux eux-mêmes. Il avait d'abord été question, dans la discussion du projet de loi, de décider expressément qu'il y aurait une exception dans le cas où les revenus de l'aliéné seraient absorbés par les besoins de sa famille, qui se trouverait plongée dans la détresse par l'application rigoureuse de la règle tracée par la loi (1). Sur le rapport de M. le marquis de Barthélemy, il fut décidé que cette disposition ne serait pas inscrite dans la loi, comme pouvant donner naissance à de nombreux abus, mais qu'il serait laissé, sur ce point, une grande latitude aux préfets, lesquels pourraient, lorsqu'ils le jugeraient à propos, soumettre à l'approbation du ministre de l'intérieur une diminution dans la part contributive des dépenses à payer par l'aliéné.

A défaut de l'aliéné et lorsqu'il ne possède pas de ressources suffisantes, les dépenses sont à la charge des personnes à qui il peut être demandé des aliments aux termes des art. 205 et suivants du Code civil. Le chiffre de l'indemnité à exiger de chacune d'elles doit être fixé en prenant pour base les règles du Code civil sur la fixation de la quotité des aliments. En cas de changement par conséquent dans la position pécuniaire soit de l'aliéné soit des débiteurs, il doit y avoir lieu à une modification dans la fixation du chiffre de l'indemnité (2).

---

(1) Chambre des pairs, séance du 31 janvier 1838, rapport.. — Voir aussi la circulaire du 5 août 1839. — (2) Circulaire du 5 août 1839.

En cas de contestation, soit sur l'obligation de fournir des aliments, soit sur leur quotité, la question doit être portée devant le tribunal compétent à la diligence de l'administrateur désigné en vertu des art. 31 et 32.

Quel est le tribunal compétent dont il s'agit ici ? Le projet primitif contenait le mot tribunal, mais isolé ; un membre de la Chambre des pairs fit remarquer qu'on entendait ordinairement par *tribunal,* le tribunal de première instance, et qu'il pourrait ainsi s'établir une confusion, puisque ce sont les juges de paix qui, dans certains cas, sont chargés de statuer sur les questions d'aliments (1) ; ce fut sur cette observation et la proposition du baron Pelet, qu'on substitua au mot tribunal l'expression de tribunal compétent qui comprend dans sa généralité toute espèce de juridiction (2).

Le dernier paragraphe de l'art. 27 est relatif au recouvrement des sommes dues par les aliénés ; il est ainsi conçu : « Le recouvrement des sommes dues sera poursuivi et opéré à la diligence de l'administration de l'enregistrement et des domaines. »

Ce paragraphe de la loi a été développé et expliqué par plusieurs circulaires ministérielles postérieures, en particulier par celles du 28 juin 1842 et du 20 juin 1859. Il résulte des instructions, que l'on doit tout d'abord tenter un recouvrement amiable par l'intermédiaire du receveur général et du percepteur de la commune habitée par le débiteur ; si ce dernier refuse de s'acquitter, des poursuites seront intentées contre lui, mais seulement après un nouvel avis de l'administration de l'asile.

Contre qui ces poursuites doivent-elles être intentées ?

____

(1) Loi du 25 mai 1838, art. 6, 4°. — Duvergier, loi du 30 juin 1838, note 2 sur l'art. 27.

Il faut distinguer : si c'est l'aliéné lui-même qui est débiteur, et s'il est interdit, c'est contre son tuteur ; s'il n'est pas interdit, contre l'administrateur provisoire nommé conformément aux art. 31 et 32 de la loi de 1838 ; si les ressources de l'aliéné sont insuffisantes, ce sont alors les personnes qui, d'après le Code civil, lui doivent des aliments, que l'administration doit poursuivre (1). En aucun cas, les préposés de l'enregistrement ne doivent agir d'office, ils doivent attendre qu'ils en soient requis par les magistrats chargés de veiller aux intérêts des établissements d'aliénés (circ. du 28 juin 1842).

Si la contestation porte sur l'obligation de fournir des aliments ou sur leur quotité, le préfet doit prévenir l'administrateur provisoire qui, seul, d'après l'art. 27 de la loi, a qualité pour saisir le tribunal ; si elle porte sur toute autre cause, la circulaire prescrit d'instruire l'instance dans les formes prescrites par les art. 65 de la loi du 22 frimaire an VII et 17 de celle du 27 ventôse an IX ; c'est-à-dire que l'instruction doit se faire sur simple mémoire, sans que le ministère des avoués soit obligatoire ; que la partie qui succombe ne doit supporter d'autres frais que ceux du papier timbré, des significations et du droit d'enregistrement des jugements ; et enfin que le jugement doit être rendu dans les trois mois, qu'il n'est pas susceptible d'appel et qu'il ne peut être attaqué que par la voie de la cassation.

Lorsque les ressources, dont nous venons de parler et qui sont énoncées dans l'art. 27, sont insuffisantes ou font complètement défaut, il y est pourvu, d'après l'ar-

____

(1) Les dettes contractées par une femme mariée pour son entretien dans un établissement d'aliénés lui sont personnelles, et le paiement peut en être poursuivi non seulement sur les biens de la communauté, mais aussi sur ses biens propres (Dalloz, *J. g.*, **79, 2, 184**).

ticle 28, sur les centimes affectés par la loi de finances aux dépenses ordinaires du département auquel l'aliéné appartient, sans préjudice du concours de la commune du domicile de l'aliéné, d'après les bases proposées par le conseil général sur l'avis du préfet, et approuvées par le gouvernement.

Cet art. 28 a donné lieu à de longues et nombreuses discussions, soit dans le sein des commissions des deux Chambres, soit dans les deux Chambres elles-mêmes. La commission de la Chambre des députés avait d'abord pensé que, les dépenses occasionnées par le transport et le traitement des aliénés étant plus particulièrement communales, devaient être supportées d'abord par les communes et que le département ne devait y concourir que subsidiairement; mais on remarqua avec raison que, par cette combinaison, certaines communes, ayant quelque revenu, le verraient presque complètement absorbé par la dépense de leurs aliénés, tandis que d'autres, n'ayant aucun revenu disponible, feraient payer les dépenses des leurs par le département et seraient ainsi tentées de faire passer certains de leurs indigents pour des aliénés. Aussi proposa-t-on la rédaction actuelle de l'art. 28 à la Chambre qui l'adopta (1).

C'étaient les conseils généraux qui, sur la proposition du préfet, étaient chargés, d'après l'art. 28, d'établir la proportion du concours des communes (2); ce même article exigeait l'approbation du gouvernement. Le décret du 25 mars 1852 a remplacé l'approbation du gouvernement par celle du préfet.

Sous l'empire de la loi du 10 août 1871 (art. 46, 19°),

(1) Duvergier, loi du 30 juin 1838, p. 507, note 4. — (2) Circulaires des 5 août et 10 avril 1839, et du 16 août 1840.

les conseils généraux statuent définitivement sur cette question (1).

La loi met à la charge du département, dans lequel se trouve le domicile de l'aliéné, les dépenses occasionnées par celui-ci, sauf recours contre qui de droit ; si ce domicile était inconnu, elles seraient à la charge du département sur le territoire duquel l'aliéné a été recueilli, et ce département en resterait tenu sans aucun recours à exercer (2).

Le domicile, dont il est question dans l'art. 28, est le *domicile de secours ;* cette expression avait même d'abord été mise dans la loi par la Chambre, sur la proposition du gouvernement et malgré l'opposition du rapporteur ; ce ne fut que dans les discussions postérieures qu'on supprima cette addition comme inutile et surabondante, le mot domicile, en ce qui concerne les questions relatives à la bienfaisance, signifiant toujours, dans la pratique, domicile de secours (3).

Que faut-il entendre par ce domicile de secours? Il faut ici se reporter au décret du 24 vendémiaire an II, titre 5. Le domicile de secours est le lieu où l'homme nécessiteux a droit aux secours publics (art. 1). Le lieu de la naissance est le lieu naturel du domicile de secours (art. 2). Le lieu de naissance, pour les enfants, est le domicile habituel de la mère au moment où ils sont nés (art. 3). Pour acquérir le domicile de secours, il faut un séjour d'un an dans une commune (art. 4). Le séjour ne compte que du jour de l'inscription au greffe de la municipalité (art. 5). On est censé conserver son dernier domicile tant

---

(1) Voir le rapport de la loi, n° 51. — (2) Gabriel Dufour, *Droit administratif,* t. VI, p. 451. — (3) Rapport de M. Vivien à la Chambre des députés, séance du 27 mars 1838.

que le délai exigé pour le nouveau n'est pas échu, pourvu qu'on ait été exact à se faire inscrire au greffe de la nouvelle municipalité (art. 12). Le domicile de secours se conserve malgré l'absence ou le vagabondage. (Arrêt du Conseil d'État du 15 juillet 1852, département de la Meurthe.)

Outre les départements et les communes, une certaine catégorie d'hospices est tenue, d'après l'art. 28, de contribuer aux frais du traitement, dans les asiles, des aliénés indigents ; ce sont ceux qui avaient à leur charge l'entretien d'un certain nombre d'aliénés ou qui étaient susceptibles d'en recevoir ; ils doivent une indemnité proportionnée au nombre d'aliénés qu'ils étaient chargés de traiter ou de faire traiter.

Ce dernier paragraphe de l'art. 28 a été longuement discuté dans les deux Chambres, et ce n'est qu'après lui avoir fait subir un certain nombre de transformations qu'on en arriva à la rédaction actuelle (1).

Les raisons qui ont motivé cette disposition de la loi sont faciles à comprendre ; le rapporteur de la commission de la Chambre des députés les a développées ainsi : « Il n'y a qu'un cas où les hospices puissent être l'objet d'un recours ; c'est celui où ils se trouveraient soulagés d'une dépense à leur charge par l'admission dans un établissement spécial d'un aliéné qu'ils étaient obligés d'entretenir et de traiter. Dans ce cas il est juste qu'ils paient une indemnité proportionnée au bénéfice qu'ils obtiennent. Ils la doivent, non comme un tribut arbitrairement imposé, mais comme une restitution véritable (2). »

L'indemnité à imposer, en exécution du paragraphe 2

____

(1) Duvergier, loi du 30 juin 1838, notes sur l'art. 28. — (2) Rapport du 18 mars 1837.

de l'art. 28, aux hospices qui recevaient autrefois des aliénés, doit être déterminée d'après le relevé des dépenses qu'ils étaient obligés de supporter de ce fait, opéré sur leurs comptes et registres (1).

En ce qui concerne les dépenses des aliénés, il y a une importante distinction à faire entre les communes et les hospices, distinction qui repose sur le texte même de la loi ; c'est que l'obligation de ces derniers est formelle, lorsqu'ils se trouvent dans les conditions de l'art. 28, tandis que les communes ne sont soumises qu'à un concours qui peut leur être imposé par les conseils généraux ; ce point a parfaitement été mis en lumière dans le rapport de M. Vivien à la Chambre des députés et dans la circulaire ministérielle du 5 août 1839.

« En cas de contestation, ajoute le dernier paragraphe de l'art. 28, il sera statué par le conseil de préfecture. » Dans certains cas cependant, c'était non le conseil de préfecture, mais le Conseil d'Etat qui était compétent ; c'est ce qui se produisait lorsque le gouvernement, usant du droit que lui conférait les art. 11, 12, 14 et 28 de la loi du 10 mai 1838, inscrivait d'office la dépense occasionnée par un aliéné ; la réclamation devait alors être portée devant le Conseil d'Etat. Depuis la loi du 15 juillet 1866 (art 1er), et sous l'empire de la loi du 10 août 1871 (art. 46), il ne peut plus en être ainsi, puisque, d'après les deux lois précitées, le conseil général statue définitivement en cette matière (2).

---

(1) Circulaires du 23 juillet 1838 et du 5 août 1839. — (2) Gabriel Dufour, *Droit administratif*, t. VI, p. 453.

SECTION V

DISPOSITION COMMUNE A TOÚTES LES PERSONNES PLACÉES DANS LES ÉTABLISSEMENTS D'ALIÉNÉS

Nous avons étudié, dans deux paragraphes des sections II et III de notre chapitre, quelles étaient les voies spéciales de sortie soit pour les aliénés placés volontairement, soit pour les aliénés placés d'office ; il en est une qui est commune aux deux catégories et dont nous avons maintenant à nous occuper, c'est la voie judiciaire.

L'art. 29, qui est une garantie de plus pour la liberté individuelle à ajouter à celles que nous avons déjà vues précédemment, dispose que toute personne placée dans un établissement d'aliénés, son tuteur, si elle est mineure, son curateur, tout parent et ami, la personne même qui a demandé le placement et le procureur de la République d'office peuvent, à quelque époque que ce soit, se pourvoir devant le tribunal du lieu de la situation de l'établissement qui, après les vérifications nécessaires, peut ordonner, s'il y a lieu, la sortie immédiate.

La Chambre des députés avait d'abord donné compétence, en cette matière, au tribunal du domicile de l'aliéné ; c'était, disait-on, celui qui était le plus à portée de connaître la situation de famille, les antécédents, l'état moral et domestique de la personne, objet du procès et de celle qui aurait fait effectuer le placement. Mais la Chambre des pairs n'adopta pas ce système et remplaça la compétence du tribunal du domicile par celle du tribunal de la situation de l'établissement. « Il a paru, disait M.

Vivien, chargé d'expliquer à la Chambre des députés le motif de ces variations, qu'on devait surtout s'attacher à la nécessité de constater l'état actuel de la personne admise dans l'établissement ; qu'il y aurait lieu à des interrogatoires, à des transports de juges, et que dès lors il convenait de s'adresser au tribunal le plus rapproché du lieu où se trouverait cette personne (1). »

On avait objecté que l'art. 29 créerait un conflit entre le pouvoir administratif et le pouvoir judiciaire, puisque quand un tribunal, usant du droit que lui confère l'art. 29, ferait mettre un aliéné en liberté, le préfet pourrait toujours, en invoquant le texte de l'art. 18, ordonner sa réintégration dans un asile ; on a même dit que c'était là en quelque sorte autoriser la violation de la chose jugée. Cette objection a été réfutée par M. le ministre de l'intérieur de la manière suivante : « Sans doute si, postérieurement à la décision de l'autorité judiciaire qui a prononcé la mise en liberté d'un individu détenu pour aliénation mentale, il intervient de nouveaux faits qui motivent cette mesure, l'administration aurait le droit de faire arrêter de nouveau cet individu, d'agir de nouveau sur sa personne suivant les règles de la loi. Mais s'il n'intervient pas de nouveaux faits, sa liberté, que les tribunaux ont proclamée, restera à l'abri de toute atteinte, sans que le préfet ait le droit de défaire un jugement sous prétexte d'aliénation mentale. Ce seraient là de véritables lettres de cachet (2). »

En cas d'interdiction de la personne dont la mise en liberté est réclamée, la demande ne peut être formée que par le tuteur de l'interdit. Mais que faut-il décider en cas de minorité ? La loi ne s'est pas expliquée sur ce point.

---

(1) Rapport du 5 juin 1838. — (2) Duvergier, notes sur l'art. 29.

Nous croyons, en présence des art. 13, dernier paragraphe et 17, dans lesquels le législateur a assimilé le mineur à l'interdit, que son silence dans l'art. 29 a été intentionnel ; nous pensons donc que, dans le cas de minorité, toute personne, et non pas seulement celles sous l'autorité desquelles la loi a placé le mineur, peut former la demande de sortie. Non seulement on peut apporter à l'appui de cette opinion le texte même de la loi, mais encore on peut parfaitement l'expliquer d'une manière rationnelle. Dans le cas d'interdiction, en effet, il y a une forte présomption que l'individu enfermé est bien véritablement aliéné, car un jugement d'interdiction a été rendu précédemment après les vérifications ordonnées par la loi, tandis qu'en cas de minorité cette présomption n'existe pas ; voilà, selon nous, la raison pour laquelle la loi n'a pas parlé des mineurs dans l'art. 29.

La décision du tribunal est rendue sur simple requête, en chambre du conseil ; elle n'est point motivée ; cette disposition a pour but d'empêcher toute publicité sur les personnes et sur les faits concernant l'affaire soumise au tribunal. « L'affaire sera jugée dans la chambre du conseil, disait M. le marquis Barthélemy ; sa publicité pourrait être funeste à l'individu ou à sa famille ; elle laisserait après elle une trace ineffaçable ; elle pourrait aussi donner naissance à des débats scandaleux sur la conduite d'un administrateur qui se trouverait ainsi placé dans une sorte d'état d'accusation ; par les mêmes causes, la décision du tribunal ne sera point motivée. »

Le projet portait, à la suite de la disposition que nous venons d'examiner, le paragraphe suivant : « Cette décision sortira son effet provisoirement, nonobstant appel ; le délai d'appel ne sera que de quinzaine. »

Ce paragraphe, {après de nombreuses discussions, fut

enfin supprimé et on décida que sur ce point on appliquerait purement et simplement le droit commun (1).

La requête, le jugement et les autres actes auxquels la réclamation peut donner lieu sont visés pour timbre et enregistrés en débet. Ainsi le requérant n'a aucune avance à faire pour timbre et enregistrement ; il n'en serait tenu que dans le cas où il succomberait dans sa demande (2). Cette disposition, il est facile de le voir, a été insérée dans la loi pour faciliter aux aliénés indigents ou à leurs familles l'introduction d'une demande de mise en liberté.

Aucunes requêtes, aucunes réclamations adressées, soit à l'autorité judiciaire, soit à l'autorité administrative, ne peuvent être supprimées ou retenues par les chefs d'é-tablissements, sous les peines portées par l'art. 41 de la loi (3).

----

(1) Duvergier, notes sur l'art. 29. — (2) Loi du 22 frimaire an VII, tit. XI, art. 70. — (3) L'art. 29 de la loi du 30 juin 1838, en défendant au chef d'un établissement d'aliénés de supprimer ou retenir les requêtes ou réclamations adressées par les malades à l'autorité judiciaire ou administrative, l'autorise implicitement à supprimer ou retenir toute lettre écrite par eux à une personne privée (Dalloz, *J. g.*, 75, 2, 227).

APPENDICE

Curateur à la personne.

Nous verrons plus tard, dans le chapitre II, quelles
sont les personnes, administrateur provisoire et mandataire spécial, que la loi a chargées de veiller aux intérêts
pécunaires des aliénés ; nous avons à rechercher ici quelles
sont les dispositions qu'elle a prises relativement aux
améliorations qu'il est possible d'apporter à la situation
matérielle des individus placés dans les établissements
d'aliénés.

L'administrateur provisoire choisi par le tribunal est le
plus souvent un des proches parents de l'aliéné ; or il est
à craindre que, dominé par un sentiment de cupidité, il ne
préfère son intérêt à son devoir et à l'humanité, et qu'il
ne fasse pas donner au malade les soins nécessaires,
ayant tout intérêt à le laisser enfermé le plus longtemps
possible (1). Aussi le législateur, obligé de prévoir la
possibilité de ce cas, a-t-il porté dans l'art. 38 les dispositions suivantes :

« Sur la demande de l'intéressé, de l'un de ses parents,
de l'époux ou de l'épouse, d'un ami, ou sur la provocaion
d'office du procureur du roi, le tribunal pourra nommer
en chambre du conseil, par jugement non susceptible
d'appel, en outre de l'administrateur provisoire, un cura-

---

(1) Proudhon, *Traité sur l'état des personnes*, revu par Valette, t. II, p. 563.

teur à la personne de tout individu non interdit placé
dans un établissement d'aliénés, lequel devra veiller : 1°
à ce que ses revenus soient employés à adoucir son sort
et à accélérer sa guérison ; 2° à ce que ledit individu soit
rendu au libre exercice de ses droits aussitôt que sa situation le permettra.

Ce curateur ne pourra pas être choisi parmi les héritiers
présomptifs de la personne placée dans un établissement
d'aliénés. »

Ainsi la loi, dans l'intérêt de l'aliéné, autorise non
seulement ses parents, mais encore les personnes qui
n'ont avec lui que de simples relations d'amitié, ainsi que
le procureur de la République, à demander au tribunal la
nomination d'un curateur à la personne.

La décision du tribunal doit être rendue en chambre du
conseil, afin d'éviter autant que possible la publicité. Elle
n'est pas susceptible d'appel, pour cette raison, qui a été
donnée à la Chambre des pairs, qu'il ne serait pas convenable que la Cour d'appel pût casser le jugement de
nomination rendu par le tribunal de première instance,
sur l'avis du conseil de famille.

Le dernier paragraphe de l'art. 38 est formel ; il interdit absolument de choisir le curateur à la personne parmi
les héritiers présomptifs de l'aliéné ; ainsi les ascendants
et descendants, aussi bien que les collatéraux, sont exclus
de la charge de la curatelle (1) ; cela résulte non seule-

____

(1) C'est une disposition digne du moyen âge et du droit féodal, qui séparait aussi la garde des biens et la garde de la personne. Les établissements
de Saint-Louis en donnaient naïvement ce motif qui est encore au fond le
motif de l'art. 38 de la loi du 30 juin : « Car cil qui ont le retor de la terre
ne doivent pas avoir la garde des enfants, car souspeçons est que ils ne vousissent plus la mort des enfants que la vie pour la terre qui leur escherroit »
(Laferrière, *Droit administratif,* t. II, p. 405. — *Établissements de Saint-Louis,*
liv. I, ch. 117).

ment du texte de la loi, mais aussi des changements que le paragraphe dont nous nous occupons a subi pendant la discussion ; le projet, en effet, exceptait les ascendants, la Chambre des députés étendit l'exception aux descendants, puis la Chambre des pairs posa une prohibition absolue, conformément à la loi anglaise (1).

Sur la question de savoir si l'on doit admettre, pour le curateur de l'art. 38 de la loi de 1838, les mêmes causes d'exclusion, d'excuse et d'incapacité que celles admises par l'art. 34 pour l'administrateur provisoire, les auteurs ne sont pas d'accord.

M. Demolombe soutient l'affirmative en se fondant sur l'analogie qui existe, quant à leur caractère et à leur but, entre les fonctions du curateur et celles de l'administrateur provisoire (2).

MM. Aubry et Rau penchent au contraire pour la négative. D'après eux, aucune analogie n'est possible entre ces deux fonctions ; aussi n'est-ce pas par oubli, mais bien avec intention que le législateur, après avoir statué sur ce point dans l'art. 34, n'en a pas parlé dans l'art. 38 ; cela paraît d'autant plus probable qu'il a eu dans ce dernier article à établir une cause spéciale d'exclusion ; son attention a donc été appelée sur ce point, et s'il n'en a pas établi d'autres, c'est que telle était bien son intention. Aussi ces auteurs pensent-ils que l'art. 34 laisse à l'appréciation des tribunaux la solution de ces questions (3).

____

(1) Duvergier, notes sur l'art. 38. — *Moniteur* des 14 et 15 février, et du 17 avril 1838. — (2) Demolombe, t. VIII, n° 847. — (3) Aubry et Rau, t. I, p. 529.

CHAPITRE II

DISPOSITIONS RELATIVES AUX BIENS DE L'ALIÉNÉ

SECTION I

MESURES DESTINÉES A GARANTIR LES INTÉRÊTS DE L'ALIÉNÉ

Jusqu'ici nous avons étudié les mesures prises par la loi pour détourner de la société, au moyen de la séquestration, le danger que lui ferait courir la divagation des individus qui ont perdu la raison, et en même temps pour empêcher, autant que possible, toute atteinte à la liberté individuelle des citoyens.

Le législateur n'aurait pas fait une œuvre complète, s'il s'était borné à prendre ces seules mesures et s'il n'avait établi des règles destinées à protéger les intérêts pécuniaires des aliénés non interdits, enfermés soit dans les établissements publics, soit dans les établissements privés. Les art. 31 et suivants de la loi du 30 juin 1838 sont relatifs à cette question de la protection des biens des aliénés ; nous allons les examiner et les commenter successivement.

§ I

Administration provisoire.

Mode de nomination de l'administrateur provisoire. — La loi charge de la protection des intérêts des aliénés un administrateur provisoire.

Par qui et comment est nommé cet administrateur provisoire ? Ici, il faut faire une distinction dont nous trouvons les éléments dans les art. 31 et 32 de la loi.

S'agit-il d'individus placés dans un établissement public ? L'administrateur en principe sera *légal*, puisque c'est le législateur qui a indiqué quel il devait être : l'art. 31, en effet, charge de ces fonctions la commission de surveillance ou administrative, ou plutôt un de ses membres désigné par elle pour les remplir ; il est ainsi conçu : « Les commissions administratives ou de surveillance des hospices ou établissements publics d'aliénés exerceront, à l'égard des personnes non interdites qui y seront placées, les fonctions d'administrateurs provisoires. Elles désigneront un de leurs membres pour les remplir. »

Cette administration, disait M. le rapporteur de la commission de la Chambre des pairs, sera analogue à la tutelle qui est conférée à ces mêmes commissions par la loi du 15 pluviôse an XIII, relativement aux enfants trouvés (1).

Quant aux fonctions de l'administrateur provisoire légal, elles sont indiquées dans le premier paragraphe de l'art. 31, *in fine*, et dans les paragraphes suivants. « L'administrateur, ainsi désigné, procédera au recouvrement des sommes dues à la personne placée dans l'établissement, et à l'acquittement de ses dettes ; passera des baux qui ne pourront excéder trois ans, et pourra même, en vertu d'une autorisation spéciale accordée par le président du tribunal civil, faire vendre le mobilier.

---

(1) Les enfants admis dans les hospices, à quelque titre et sous quelque dénomination que ce soit, seront sous la tutelle des commissions administratives de ces maisons, lesquelles désigneront un de leurs membres pour exercer, le cas advenant, les fonctions de tuteur, et les autres formeront le conseil de tutelle (Loi des 15-25 pluviôse an XIII, art. 1).

» Les sommes provenant, soit de la vente, soit des autres recouvrements, seront versées directement dans la caisse de l'établissement et seront employées, s'il y a lieu, au profit de la personne placée dans l'etablissement.

» Le cautionnement du receveur sera affecté à la garantie desdits deniers, par privilége aux créances de toute autre nature. »

De quel tribunal civil est-il ici question ?

Les auteurs sont en général d'accord pour admettre qu'il s'agit, dans ce cas, de l'autorisation du président du tribunal civil du domicile de l'aliéné, par analogie avec ce qui a lieu en matière de minorité et d'interdiction (1).

Il résulte de l'art. 31 que les sommes recouvrées ne passent pas entre les mains de l'administrateur provisoire; elles sont versées directement dans la caisse du receveur, dont le cautionnement sert à les garantir par privilége à toutes autres créances, mêmes à celles que pourrait avoir l'hospice, et cela pour cette raison que le dépôt des sommes fait entre les mains du receveur est un véritable dépôt nécessaire (2).

Le deuxième paragraphe dispose que les sommes ainsi versées seront employées, *s'il y a lieu*, au profit do la personne placée dans l'établissement. La loi a en effet voulu laisser un certain pouvoir, pour la répartition des deniers, à l'administrateur provisoire, en prévision du cas où la famille de l'aliéné serait dans la misère. Si les revenus de l'aliéné excèdent le prix de sa pension, l'excédant, aux termes de l'article, doit être employé à son profit par les soins de l'administrateur provisoire.

L'administration provisoire, au lieu d'être *légale*, peut être *judiciaire ;* elle l'est dans deux cas :

------

(1) Dalloz, verbo *Aliéné*, n° 245. — Demolombe, t. VIII, n° 809. —
(2) Rapport à la Chambre des pairs, séance du 22 mai 1838.

1° Dans le cas de l'art. 31, dernier alinéa, c'est-à-dire lorsque les commissions administratives ou de surveillance des établissements publics demandent à être déchargées de l'administration ou lorsque les parents, l'époux ou l'épouse des personnes placées dans ces mêmes établissements, ou bien le procureur de la République demandent qu'il soit procédé par le tribunal à la nomination d'un administrateur provisoire, conformément à l'art. 32.

2° Lorsqu'il s'agit de l'administration des biens d'un individu placé dans un établissement privé ; dans ce cas, l'administrateur devra toujours être nommé par le tribunal ; sa nomination peut être provoquée par les parents, l'époux ou l'épouse de l'aliéné, ou d'office par le procureur de la République.

Le tribunal civil compétent est celui du domicile de l'aliéné (1) ; il ne nomme un administrateur provisoire qu'autant qu'il le juge à propos ; cette faculté résulte pour lui du mot *pourra* qui se trouve dans le texte de l'art. 32 ; il statue en chambre du conseil après délibération du conseil de famille et sur les conclusions du procureur de la République ; la décision du tribunal n'est pas susceptible d'appel (art. 32).

L'aliéné pourrait-il provoquer lui-même la nomination d'un administrateur provisoire ? Selon M. Demolombe, il faudrait lui donner ce droit ; puisque l'art. 38 lui permet de demander la nomination d'un curateur pour sa personne, pourquoi ne lui permettrait-on pas de demander que ses biens soient mis sous la surveillance d'un admi-

---

(1) Les juges peuvent, en se fondant sur la situation particulière des époux, notamment sur l'opposition d'intérêts qui existe entre eux, nommer un administrateur provisoire aux biens de la femme mariée placée dans un établissement d'aliénés, quel que soit d'ailleurs le régime sous lequel les époux sont mariés (Dalloz, 81, 1, 375).

nistrateur, d'autant plus qu'on lui enlève les moyens d'y veiller lui-même (1).

MM. Aubry et Rau soutiennent la solution contraire ; d'après eux, l'argument de M. Demolombe doit être absolument écarté, aucune analogie n'étant possible entre les cas des art. 31 et 32 d'une part, et 38 de l'autre. Si la loi, en effet, a autorisé, dans l'art. 38, l'aliéné à provoquer lui-même la nomination d'un curateur à la personne, c'est que ses parents, qui ont intérêt à ce que ce curateur ne soit pas nommé, pourraient ne pas vouloir la provoquer eux-mêmes ; tandis que, dans le cas où il s'agit des biens de l'aliéné, trop de personnes ont intérêt à ce qu'ils soient gérés avec soin pour que le législateur ait voulu permettre de solliciter la nomination de l'administrateur à une personne sur laquelle pèse une présomption d'aliénation mentale (2).

Ce qui nous décide surtout dans le sens de ce dernier système, c'est que le législateur qui, dans les art. 29 et 38, a accordé expressément à l'aliéné le droit de réclamation, a omis, dans les art. 31 et 32, de le mettre dans l'énumération des personnes qui ont le droit de demander au tribunal la nomination d'un administrateur; on ne peut donc prétendre qu'il y a eu là oubli de sa part; le rapprochement de ces différents articles montre d'une façon évidente que l'omission a bien été volontaire.

En ce qui concerne les causes de destitution, d'excuse ou d'exclusion, il faut appliquer les mêmes règles en matière d'administration provisoire judiciaire qu'en matière de tutelle. L'art 34, premier paragraphe, le dit expressément; M. Demolombe en conclut que les fonc-

---

(1) Demolombe, t. VIII, n° 816. — (2) Aubry et Rau, t. I, p. 527, note 5.

tions de l'administrateur provisoire sont, comme celles du tuteur, obligatoires et gratuites (1).

Fonctions de l'administrateur provisoire (2). — Nous avons déjà examiné quelques-unes des fonctions confiées aux administrateurs provisoires, lorsque nous avons étudié leur mode de nomination ; la loi leur en confie d'autres encore : d'une façon générale, ils doivent prendre toutes les mesures conservatoires nécessaires et faire tous actes d'urgence.

Nous verrons plus loin que l'administrateur provisoire n'a pas qualité pour représenter l'aliéné en justice ; toutefois, l'art. 35 dispose que c'est à lui que doivent être faites les significations *lorsque c'est par jugement qu'il a été nommé.* D'où il faut conclure que lorsqu'il s'agit d'un administrateur provisoire légal, on retombe dans le droit commun, c'est-à-dire que les significations peuvent être faites à personne ou à domicile.

Le projet de loi exigeait que la signification fût faite au domicile de l'aliéné, au domicile de l'administrateur provisoire, ou, à défaut, à la personne du chef de l'établissement et au procureur du roi. Mais on reconnut que cette disposition, faite dans l'intérêt évident de l'aliéné, pouvait compromettre les droits des tiers, d'autant plus que les formalités exigées par la loi, pour le placement des aliénés, ne sont entourées d'aucune publicité et que, tout au contraire, le législateur a cherché à les tenir secrètes.

D'un autre côté, il fallait empêcher aussi que l'aliéné

---

(1) T. VIII, n° 822. — (2) L'article 8 de la loi du 27 février 1880, relative à l'aliénation des valeurs mobilières appartenant aux mineurs et aux interdits, et à la conversion de ces mêmes valeurs en titres au porteur, dispose que cette loi est également applicable aux administrateurs provisoires nommés en exécution de la loi du 30 juin 1838.

pût être lésé dans ses intérêts et laisser toute responsabilité à l'administrateur provisoire.

Pour concilier ces deux intérêts, l'art. 35 dispose, dans son deuxième alinéa, que la remise à domicile des significations n'entraîne pas nécessairement nullité, et que sur ce point les tribunaux ont à apprécier suivant les circonstances (1).

Une exception à la règle posée dans les deux premiers paragraphes de l'art. 35 est faite dans le dernier alinéa qui est ainsi conçu : « Il n'est point dérogé aux dispositions de l'art. 173 du Code de commerce (2). »

La raison de cette exception est la brièveté du délai dans lequel le protêt doit être fait. Toutefois, elle présente certains inconvénients qui ont été signalés en ces termes à la Chambre des députés par le rapporteur de la commission : « On a jugé convenable d'ajouter encore qu'il n'était point dérogé aux dispositions de l'art. 173 du Code de commerce, relatives à la signification des lettres de change. Cette réserve spéciale, pour une seule nature d'actes, a un caractère exceptionnel dont nous nous rendons difficilement compte. Elle nous paraît inutile, d'après le sens donné à la disposition principale de l'article ; elle est incomplète ; car on aurait dû, si elle était justifiée, l'étendre aux dénonciations des protêts ; cependant, nous ne croyons pas qu'il y ait lieu, en raison de cette addition,

______

(1) Dalloz, *Répert. périod.*, 58, 2, 147. — (2) Art. 173, Code de comm. : « Les protêts, faute d'acceptation ou de paiement, sont faits par deux notaires, ou par un notaire et deux témoins, ou par un huissier et deux témoins. — Le protêt doit être fait : au domicile de celui sur qui la lettre de change était payable, ou à son dernier domicile connu ; au domicile des personnes indiquées par la lettre de change pour la payer au besoin ; au domicile du tiers qui a accepté par intervention. Le tout par un seul et même acte. — En cas de fausse indication de domicile, le protêt est précédé d'un acte de perquisition.

d'exposer la loi à de nouveaux retards, et nous concluons aussi à l'adoption de l'art. 35, tel qu'il vous est aujourd'hui proposé (1). »

Une autre fonction est encore confiée par la loi à l'administrateur provisoire ; l'art. 36 le charge de représenter les aliénés non interdits placés dans les établissements, dans les inventaires, comptes, partages et liquidations dans lesquels ils se trouvent intéressés.

Cette disposition de l'art 36 a été l'objet de vives discussions à la Chambre des députés, à raison de la véritable contradiction qui existe entre elle et la disposition de l'art. 32. C'est qu'en effet, d'un côté il a été reconnu, au cours de la discussion de l'art. 32, que les pouvoirs de l'administrateur provisoire ne dépasseraient pas ceux de l'administrateur provisoire nommé dans le cours d'une procédure en interdiction, c'est-à-dire qu'il ne pourrait ni accepter, ni répudier une succession, et d'un autre côté, pour qu'il y ait inventaire, partage ou liquidation, comme le suppose l'art. 36, il faut qu'il y ait eu auparavant acceptation de la succession.

Cette antinomie a été exposée et démontrée, avec la plus grande clarté, à la Chambre des députés, par MM. Jobard et Genoux (2). Toutefois, malgré la justesse évidente de leurs observations, la Chambre passa outre et l'art. 36 fut voté tel qu'il avait été présenté.

Étant donnée la rédaction actuelle de l'art. 36, nous pensons, avec la plupart des auteurs qui ont cherché à concilier les deux articles en question, que l'art. 36 ne peut être appliqué que dans deux hypothèses :

1° Lorsqu'il ne s'agit pas de succession.

2° Lorsqu'il s'agit de succession, mais alors seulement

(1) Rapport du 5 juin 1838. — (2) *Moniteur* du 17 avril 1838.

dans le cas où l'aliéné l'aurait acceptée avant sa maladie.

Mais alors que faudra-t-il faire dans le cas où il s'agira d'accepter une succession échue à l'aliéné après le placement? (1)

Selon nous, la loi ne permet qu'un seul moyen d'empêcher que la succession échappe à l'aliéné, et ce moyen est précisément contraire à l'esprit de tout le reste de la loi : c'est de provoquer l'interdiction et de faire nommer un tuteur à l'aliéné; ce sera alors le tuteur qui acceptera la succession, s'il y est autorisé par le conseil de famille (art. 461 et 505 C. civ. combinés).

Nous avons vu que la nomination d'un administrateur provisoire n'était pas obligatoire pour le tribunal (art. 32). La loi prévoyant, dans l'art. 36, l'hypothèse où le tribunal n'aurait pas jugé à propos d'y procéder, et où l'aliéné viendrait à être intéressé dans des comptes, partages, liquidations ou inventaires, indique quelle est la voie à suivre. Il y aura lieu alors de procéder comme dans le cas d'absence (art. 113, Code civil), c'est-à-dire qu'un notaire sera commis pour représenter l'aliéné dans ces diverses opérations ; seulement tandis que, lorsqu'il s'agit d'un individu présumé absent, le notaire est désigné par le tribunal, lorsqu'il s'agit d'un individu aliéné, la désignation est faite par le président seul.

Responsabilité de l'administrateur provisoire. — Aux termes de l'art. 34, deuxième alinéa :

« Sur la demande des parties intéressées, ou sur celle du procureur du roi, le jugement qui nommera l'administrateur provisoire pourra en même temps constituer sur ses biens une hypothèque générale ou spéciale, jusqu'à

---

(1) Le tribunal ne peut pas conférer à l'administrateur provisoire le mandat spécial d'accepter, même sous bénéfice d'inventaire, une succession échue à l'aliéné (Dalloz, *J. g.*, 73, 2, 238).

concurrence d'une somme déterminée par ledit jugement.

» Le procureur du roi devra, dans le délai de quinzaine, faire inscrire cette hypothèque au bureau de la conservation : elle ne datera que du jour de l'inscription. »

Le projet portait que les dispositions du Code civil, relatives à l'hypothèque légale des mineurs ou interdits sur les biens de leurs tuteurs, étaient applicables aux administrateurs nommés par le tribunal. La Chambre des députés, redoutant les nombreux inconvénients auxquels donne lieu l'hypothèque légale, supprima complètement cette partie du projet. Le moyen était trop radical ; car si d'un côté il ne fallait pas imposer une responsabilité trop lourde à l'administrateur qui remplit gratuitement ses fonctions, d'un autre côté, il ne fallait pas enlever à l'aliéné toute sûreté contre les dilapidations ou la négligence de celui qui était chargé de veiller à ses intérêts. La Chambre des pairs résolut la difficulté en insérant dans la loi la dernière disposition de l'art. 34. De cette façon, l'hypothèque n'est pas forcément générale ; elle n'existe que si le tribunal a ordonné, par son jugement, qu'elle soit constituée ; le plus large pouvoir d'appréciation est laissé sur ce point aux magistrats.

Deux hypothèses peuvent se présenter : ou bien l'administration provisoire est légale, ou elle est judiciaire. Doit-on appliquer la deuxième partie de l'art. 34 dans l'un et l'autre cas ? La négative ne semble pas douteuse ; c'est ce qui résulte d'une façon évidente du texte même de l'art. 34 qui exige que la constitution d'hypothèque ait eu lieu par jugement. Ainsi, l'hypothèque ne peut être constituée que dans le cas d'administration provisoire judiciaire, mais non pas dans le cas d'administration provisoire légale.

Mais alors, dans cette seconde hypothèse, par quelles sûretés seront garantis les intérêts de l'aliéné? MM. Aubry et Rau enseignent que toute la responsabilité pèsera alors sur le receveur de l'établissement public d'aliénés, comme chargé de recevoir les sommes dues à l'aliéné et de payer ses dettes, et sur l'établissement lui-même, comme tenu de rendre un compte d'administration et de répondre des suites d'une mauvaise gestion.

Quant aux membres des commissions de surveillance, ils ne peuvent être recherchés, sauf le cas de dol ou de faute lourde; car, par cela seul que, dans les conseils dont ils font partie, la minorité est liée par la majorité, il ne peut être question de responsabilité personnelle; il en est de même pour celui des membres du conseil qui a été désigné par ses collègues pour remplir les fonctions d'administrateur provisoire; car cette désignation ne constitue qu'une mesure d'ordre intérieur, et n'enlève pas aux conseils l'administration qui leur a été confiée par la loi.

Le tribunal n'a pas constitué l'hypothèque par le jugement qui a nommé l'administrateur provisoire; peut-il la constituer par un jugement subséquent?

Première opinion : *Il ne le peut pas.* — Un certain nombre d'auteurs sont d'accord sur ce point, mais ils sont en désaccord sur les motifs à donner à l'appui de cette opinion. Selon les uns, la raison en est qu'il résulte du premier jugement que l'administrateur provisoire a été reconnu solvable, qu'il y a eu là véritablement chose jugée. D'après les autres, il faut en rechercher le motif dans l'esprit même de la loi; or, l'étude attentive des dispositions édictées par le législateur de 1838 montre avec évidence qu'il est parti de cette idée qu'il ne convenait pas d'aggraver, après coup, la position de l'administrateur en le soumettant à une hypothèque qui ne lui

aurait pas été imposée par l'acte même de sa nomination (1).

Deuxième opinion: Il le peut. — Cette opinion est celle
de M. Demolombe, et ce qui le décide en ce sens, c'est
que, dans le cas prévu par le dernier alinéa de l'art. 34, il
s'agit pour le tribunal de faire acte de juridiction gra-
cieuse, qu'il ne peut, par conséquent, pas être question
de l'autorité de la chose jugée (2).

Tout spécieux que puisse paraître cet argument,
nous nous rattachons de préférence à la première opinion ; car, selon nous, le texte de l'art. 34 est d'une
netteté et d'une précision que le second système nous
semble méconnaître. Dire, en effet, que le jugement qui
nommera l'administrateur provisoire pourra en même
temps constituer sur ses biens une hypothèque, n'est-ce
pas dire que cette constitution d'hypothèque ne peut être
faite que par ce jugement? Etant donné le texte de l'article 34, il est impossible d'interpréter autrement la disposition qu'il renferme.

La loi prescrit au procureur de la République de faire
inscrire l'hypothèque dans le délai de quinzaine. A la
différence de la disposition précédente qui nous a paru
limitative, celle-ci nous semble être seulement énoncia-
tive ; car il s'agit là d'une garantie donnée à l'aliéné.
Aussi admettons-nous, avec la généralité des auteurs, que
les personnes énumérées dans l'art. 2139 du Code civil
peuvent, concurremment avec le procureur de la République, requérir l'inscription de l'hypothèque au bureau
de la conservation (3).

Cessation des pouvoirs conférés à l'administrateur pro-

---

(1) Aubry et Rau, t. I, p. 534, note 26. — (2) T. VIII, p. 577. —
(3) Dalloz, verbo *Aliéné*, n° 256. — Demolombe, t. VIII, n° 825. — Aubry
et Rau, t. I, p. 534.

visoire. — Les pouvoirs de l'administrateur provisoire cessent dans trois cas :

1° Lorsque l'individu, dont les biens étaient soumis à l'administration provisoire, cesse d'être retenu dans l'établissement.

2° Par l'expiration d'un délai de trois ans ; dans ce cas ils peuvent être renouvelés.

3° Selon MM. Aubry et Rau, lorsque, l'individu placé dans un l'établissement d'aliénés ayant été interdit, il lui a été nommé un tuteur et un subrogé-tuteur (1).

Aux termes de l'art. 37, *in fine*, la disposition contenue dans le deuxième alinéa n'est pas applicable aux administrateurs provisoires donnés aux personnes entretenues par l'administration dans des établissements privés. Le motif de cette exception apportée par la loi au principe général qu'elle vient de poser est ainsi expliqué par M. Demante : « On a pensé apparemment que la personne entretenue par l'administration est par là même moins en rapport avec sa famille qui ne pourvoit pas à ses dépenses, et l'on a pu craindre dès lors que les parents ne négligeassent de faire renouveler les pouvoirs, ce qui laisserait à l'abandon les intérêts de l'incapable, si l'on ne maintenait pas purement et simplement les pouvoirs existants. Cette considération n'a pas la même gravité quand le placement est dans un établissement public, puisqu'à défaut de l'administrateur dont les pouvoirs expirent, la loi pourvoit elle-même à ce que les fonctions soient remplies Aussi l'exception ne s'applique-t-elle pas à ce cas (2). »

A propos du texte du deuxième paragraphe de l'art. 37, d'après lequel les pouvoirs de l'administrateur provisoire *peuvent* être renouvelés, la question s'est élevée de savoir

---

(1) T. I, p. 535. — (2) Demante, t. II, n° 305 bis.

si l'administrateur était tenu d'accepter le renouvellement de ses fonctions qui lui serait imposé par le tribunal. Nous pensons qu'elle doit être résolue négativement ; car tout paraît faire croire que le législateur de 1838 s'est inspiré des mêmes sentiments que le législateur de 1804 dans l'art. 508 du Code civil ; mais ce qui nous décide surtout en ce sens, c'est qu'il nous paraît évident que si la loi avait voulu rendre obligatoire pour l'administrateur provisoire le renouvellement de ses fonctions, elle aurait employé dans l'art. 37, comme dans l'art. 32, des expressions à propos desquelles aucun doute n'eût été possible.

Toutefois nous devons dire qu'un certain nombre d'auteurs, parmi lesquels M. Demolombe, ont admis le système contraire. Ils raisonnent ainsi : Les fonctions imposées par le premier jugement à l'administrateur provisoire étaient obligatoires pour lui ; or le tribunal conserve évidemment vis-à-vis de cet administrateur le même droit de nomination que dans le principe, puisqu'il peut, d'après l'art. 34, renouveler les pouvoirs confiés précédemment. Donc la nomination, faite par le tribunal au bout du délai de trois ans, doit être obligatoire au même titre que celle qui a été faite dans le jugement primitif.

§ II

Mandat ad litem.

L'administrateur provisoire, si larges que soient ses pouvoirs, n'a cependant pas le droit de disposer des biens de la personne placée, dont les intérêts lui sont confiés ; or, ce serait aller jusqu'à le lui donner que de lui permettre de représenter l'aliéné en justice de sa propre autorité et sans autorisation de justice ; aussi l'art. 33 dispose-t-il que : « Le tribunal, sur la demande de l'administrateur provisoire ou à la diligence du procureur du roi, désignera un mandataire spécial à l'effet de représenter en justice tout individu non interdit et placé ou retenu dans un établissement d'aliéné qui serait engagé dans une contestation judiciaire au moment du placement, ou contre lequel une action serait intentée postérieurement.

» Le tribunal pourra aussi, dans le cas d'urgence, désigner un mandataire spécial à l'effet d'intenter au nom des mêmes individus une action mobilière ou immobilière. L'administrateur provisoire pourra, dans les deux cas, être désigné pour mandataire spécial. »

Il résulte des termes de l'art. 33 que la désignation d'un mandataire spécial est obligatoire dans deux cas :

1° Lorsqu'il s'agit d'une contestation judiciaire engagée avant le placement ;

2° Dans le cas où une action serait intentée, postérieurement au placement, contre l'aliéné.

Dans un cas seulement elle est facultative pour le tribunal, qui peut ou non y procéder suivant les circonstances ; c'est lorsqu'il est question d'intenter une action au nom de l'aliéné après le placement, encore ne le peut-il, d'après le deuxième paragraphe de l'art. 34, que lorsqu'il y a urgence (1).

La règle de l'art. 33 reçoit, croyons-nous, une exception qui est contenue dans l'art. 27 ; nous pensons qu'il n'y a pas lieu à nomination d'un mandataire spécial lorsque l'action à intenter est une action en payement d'aliments. Cette théorie paraît indiscutable dans le cas d'administration provisoire judiciaire, elle peut donner lieu à quelques doutes lorsque l'administration provisoire est lé-

____

(1) Dalloz, *J. g.*, 74, 5, 24.

gale. On peut en effet soutenir, comme l'ont fait MM. Aubry et Rau, que dans ce dernier cas l'administrateur provisoire agit plutôt au nom de la commission administrative exerçant, en vertu de l'art. 1166, les droits de l'aliéné débiteur, qu'en celui de ce dernier (1).

Le mandat *ad litem*, à la différence de l'administration provisoire, n'est pas obligatoire ; cela résulte des termes mêmes employés par le législateur dans la rédaction des art. 32 et 33. Comme l'administration provisoire, il est gratuit en principe ; mais rien n'empêcherait le tribunal d'allouer un salaire à la personne chargée du mandat, aucune disposition de la loi ne s'y opposant.

Le mandat donné par le tribunal doit être spécial (2). Ainsi l'administrateur provisoire qui, au moment où il est nommé, peut être désigné comme mandataire judiciaire de l'aliéné par le même jugement, doit recevoir du tribunal un mandat spécial pour chaque action que, dans la suite, il aura à intenter ou à soutenir au nom de l'aliéné.

Le premier paragraphe de l'art 37, que nous avons déjà eu à examiner précédemment, s'applique au mandat *ad litem* comme à l'administration provisoire, ce qui revient à dire que le mandat prend fin, comme l'administration provisoire, par la sortie de l'aliéné de l'établissement dans lequel il avait été placé. Les fonctions du mandataire prennent fin aussi, de même que celles de l'administrateur, dans le cas où l'individu placé vient à être interdit pendant son séjour dans l'asile et reçoit un tuteur et un subrogé-tuteur.

---

(1) T. 1, p. 531, note 17. — (2) Le tribunal du domicile de la personne retenue dans un établissement d'aliénés est seul compétent pour nommer le mandataire spécial chargé de la représenter en justice (Dalloz, *J. g.*, 72, 1, 192).

SECTION II

DES ACTES PASSÉS PAR L'ALIÉNÉ PENDANT SON SÉJOUR

DANS L'ÉTABLISSEMENT.

INCAPACITÉS RÉSULTANT DU PLACEMENT.

Avant d'aborder ce point important de la loi de 1838, il nous semble utile, pour la clarté du sujet, de rappeler les dispositions législatives par lesquelles était régie la capacité des aliénés avant la loi du 30 juin 1838.

ART. 502 (C. civil). — L'interdiction ou la nomination d'un conseil aura son effet du jour du jugement. Tous actes passés postérieurement par l'interdit ou sans l'assistance du conseil, seront nuls de droit.

ART. 503. — Les actes antérieurs à l'interdiction pourront être annulés, si la cause de l'interdiction existait notoirement à l'époque où ces actes ont été faits.

ART. 504. — Après la mort d'un individu, les actes par lui faits ne pourront être attaqués pour cause de démence, qu'autant que son interdiction aurait été prononcée ou provoquée avant son décès ; à moins que la preuve de la démence ne résulte de l'acte même qui est attaqué.

ART. 1304. — Dans tous les cas où l'action en nullité ou en rescision d'une convention n'est pas limitée à un moindre temps par une loi particulière, cette action dure dix ans.

Ce temps ne court, dans le cas de violence, que du jour où elle a cessé ; dans le cas d'erreur ou de dol, du jour où ils ont été découverts ; et, pour les actes passés par les femmes mariées non autorisées, du jour de la dissolution du mariage.

Le temps ne court, à l'égard des actes faits par les interdits, que du jour où l'interdiction est levée ; et, à l'égard de ceux faits par les mineurs, que du jour de la majorité.

L'art. 39 de la loi du 30 juin 1838, sur plusieurs points, a dérogé à ces principes posés par le Code civil ; il est ainsi conçu :

« Les actes faits par une personne placée dans un établissement d'aliénés, pendant le temps qu'elle y aura été retenue, sans que son interdiction ait été prononcée ni provoquée, pourront être attaqués pour cause de démence, conformément à l'art. 1304 du Code civil.

» Les dix ans de l'action en nullité courront, à l'égard de la personne retenue qui aura souscrit les actes, à dater de la signification qui lui en aura été faite, ou de la connaissance qu'elle en aura eue après sa sortie définitive de la maison d'aliénés ;

» Et, à l'égard de ses héritiers, à dater de la signification qui leur en aura été faite ou de la connaissance qu'ils en auront eue depuis la mort de leur auteur.

» Lorsque les dix ans auront commencé de courir contre celui-ci, ils continueront de courir contre les héritiers. »

Nous allons reprendre successivement les paragraphes de cet article ; nous rechercherons quelles sont les dérogations que le législateur de 1838 a apporté aux articles du Code civil que nous avons cités et nous étudierons avec soin les questions nombreuses et controversées qu'a soulevées la nouvelle législation sur les aliénés.

Une première observation de la plus grande importance, c'est que l'art. 39, d'après ses termes mêmes, ne doit être appliqué que lorsqu'il s'agit des actes d'une personne retenue dans un établissement d'aliénés ; donc, les actes qu'elle a faits, soit avant, soit après son séjour dans l'établissement sont soumis au droit commun, c'est-à-dire qu'on doit leur faire application des art. 504 et suivants et 1304 du Code civil.

Nous avons vu, dans l'art. 502, que les actes passés par l'interdit étaient nuls de droit ; en est-il de même des actes passés par une personne placée dans un établissement d'aliénés ? Nous ne le croyons pas ; il nous semble que le législateur, lorsqu'il a dit que ces actes *pourront* être attaqués, a fait plutôt allusion au pouvoir donné au tribunal de les déclarer ou non valables qu'à la faculté laissée à l'aliéné et à ses héritiers de les attaquer pendant un certain délai. Ainsi nous pensons que la loi a laissé au juge sur ce point le plus large pouvoir d'appréciation et qu'un tribunal peut parfaitement déclarer un acte valable, si cet acte a été passé pendant un intervalle lucide.

Mais quelle présomption faudra-t-il appliquer à l'acte passé par un aliéné pendant sa séquestration ? Devra-t-on le présumer valable ? et alors ce sera au demandeur en nullité à prouver la démence au temps de l'acte ; ou bien devra-t-on le présumer nul ? et alors ce sera au défendeur à prouver qu'il a été passé pendant un intervalle lucide. Les auteurs sont en désaccord sur ce point.

M. Demolombe tient pour le premier parti ; il pense que c'est au demandeur, qui attaque l'acte pour cause de démence, à prouver que cette démence existait en effet à l'époque de l'acte ; de même MM. Aubry et Rau (1) et Dalloz (2). M. Demolombe avoue toutefois que ce point n'est pas absolument certain (3).

(1) T. I, p. 536. — (2) *Rép. de jur.*, verbo *Aliéné*, n° 283. — (3) T. VIII, n° 853.

MM. Marcadé (1) et Demante (2) sont d'un avis contraire ; d'après eux, la personne placée ou ses héritiers, lorsqu'ils agissent dans le délai prescrit par la loi, n'ont pas besoin de prouver l'aliénation mentale au temps de l'acte ; elle résulte, par présomption et jusqu'à preuve contraire, du fait de la rétention de la personne dans la maison d'aliénés ; la preuve incombe par conséquent à celui qui prétend que l'acte est valable.

Pour nous, nous nous rangerons de préférence à la première opinion, et les motifs sur lesquels nous nous appuyons sont ceux qui ont été donnés au cours de la discussion, à la Chambre des pairs.

En premier lieu, notre législation déclare, en principe, tous les actes valables, la nullité est l'exception ; or, le Code civil ne déclare nuls que les actes faits par l'aliéné interdit, et la loi de 1838 n'a, dans aucune disposition, déclaré nul l'acte passé par un aliéné non interdit ; donc, cet acte, en principe, est valable, et ce sera à celui qui voudra le faire tomber à prouver sa nullité.

En deuxième lieu, dans le système de MM. Marcadé et Demante, on arrive à une presque impossibilité de preuve, « car, ainsi que le faisait remarquer M. Tripier, on sait très bien qu'on remarque les actes de folie d'un individu ; on sait très bien que ces actes de folie qui frappent les témoins, qui frappent l'opinion, la rumeur publique, sont recueillis, et peuvent être témoignés, même au bout de quelques années. Mais la preuve qu'un homme était sain d'esprit, on ne sait comment l'administrer, sur quoi l'établir ; il ne peut y avoir là-dessus qu'une rumeur, qu'une opinion vague, mais on ne peut pas apprécier le fait (3). »

En troisième lieu, on comprend parfaitement que la loi

---

(1) T. II, p. 324. — (2) T. II, pa 374. — (3) *Moniteur* du 14 février 1838.

ait édicté la nullité pour les actes passés par un interdit ; car la procédure d'interdiction est une procédure solennelle et qui, par cela même, est censée avoir fait connaître aux tiers l'incapacité de celui dont l'interdiction est prononcée, tandis que le placement d'un aliéné est un fait que les tiers peuvent ignorer, qu'ils ignorent même le plus souvent, par suite du soin que les parents mettent à le tenir secret ; il serait donc tout à fait injuste de leur faire subir les conséquences de leur ignorance, dans le cas où aucune faute ne leur est imputable et de les forcer à faire une preuve presque impossible.

Nous trouvons ici déjà une double dérogation au droit commun. L'art. 503 dispose, en effet, que les actes, passés par les interdits antérieurement à l'interdiction, ne peuvent être annulés que si la cause de celle-ci existait notoirement à l'époque où ils ont été faits. Or, l'art. 39 de la loi du 30 juin 1838, en premier lieu, n'exige pas, pour que les actes passés par un individu placé soient reconnus non valables, que l'interdiction ait été prononcée ; en outre, le demandeur en nullité n'est pas obligé de prouver la notoriété de la démence au moment de la confection de l'acte.

Ainsi, le défendeur à l'action en nullité ne pourrait exciper de la croyance où il était, que l'individu avec lequel il avait traité était sain d'esprit, ou prétendre que la démence n'était pas notoire ; le seul moyen qu'il ait, pour faire maintenir l'acte attaqué, c'est de soutenir et de prouver que l'auteur de l'acte n'était pas, avant et après la passation de cet acte, dans un état habituel d'imbécillité, de démence ou de fureur, ou que, du moins, cet acte a été passé pendant un intervalle lucide (1).

____

(1) Aubry et Rau, t. I, p. 537.

L'art. 39 renvoie lui-même à l'art. 1304 du Code civil ; l'action en nullité, dont parle le premier de ces articles, est donc de même nature que celle que l'art. 1304 admet contre les obligations résultant d'une convention. D'où il suit que, sous peine de déchéance, l'action doit être exercée dans un délai de dix ans, ce que d'ailleurs l'art. 39 prend soin de dire d'une manière formelle (1), et en outre, qu'elle ne peut être exercée que par l'aliéné ou par ses héritiers, et non par la personne avec laquelle il a traité.

Le deuxième paragraphe de l'art. 39 est relatif au point de départ du délai dans lequel la personne retenue qui a souscrit les actes peut les attaquer au moyen de l'action en nullité.

L'art. 1304, après avoir posé en principe, dans son premier alinéa, que l'action en nullité dure dix ans, dispose, dans le dernier, que, pour les interdits, le temps ne court que du jour où l'interdiction est levée. Cette exception était évidemment inapplicable à l'aliéné non interdit placé dans un établissement ; d'un autre côté, il eût été injuste de le soumettre à la règle du droit commun et de faire courir le délai, pour lui, du jour de la passation de l'acte.

Une première proposition consistait à limiter l'art. 39 au premier paragraphe et à laisser à l'appréciation des tribunaux le point de départ du délai ; mais on réfléchit à la multitude de décisions que ferait naître une telle fa-

____

(1) A ce propos, M. Demolombe fait remarquer que, selon M. Durantoñ, l'art. 39 de la loi du 30 juin 1838 est inexact en disant : *conformément à l'art. 504*, et que cet auteur s'attache à prouver qu'en effet l'art. 504 n'est pas applicable à l'hypothèse prévue par l'art. 39. — La conclusion de M. Duranton est parfaitement exacte; mais il adresse à la loi de 1838 un reproche d'inexactitude qu'elle ne mérite pas; car l'art. 39 renvoie non pas à l'art. 504, mais à l'art. 1304 du Code civil.

culté laissée aux tribunaux, et on reconnut la nécessité de résoudre législativement la question.

On proposa, en second lieu, de ne faire courir le délai qu'à dater de la signification de l'acte faite à l'aliéné après sa sortie de l'établissement et on établit le délai d'un an ; ce délai était évidemment insuffisant ; on le porta à dix ans ; puis on ajouta un autre point de départ du délai : la connaissance que l'aliéné aurait eue des actes après sa sortie de l'établissement.

Quant au motif de la disposition qui constitue le deuxième paragraphe de l'art. 39, il est facile à voir : on a craint que l'aliéné ne se souvint plus, après sa sortie, d'actes passés pendant son séjour dans l'asile ; la signification exigée par l'art. 39, pour faire courir le délai, empêchera que l'aliéné puisse se plaindre d'avoir ignoré l'existence de ces actes, si plus tard on venait lui opposer la prescription de son action en nullité.

Faut-il appliquer aux aliénés interdits placés dans un asile les dispositions du deuxième paragraphe de l'art. 39 ? Si nous ne consultions que le texte de la loi, nous devrions répondre négativement à cette question ; car, ainsi que nous l'avons fait remarquer, la loi de 1838 ne vise que les aliénés non interdits isolés dans les établissements. Mais l'esprit de la loi s'oppose à ce qu'elle soit interprétée de cette façon ; nous avons vu, en effet, les motifs pour lesquels on avait inséré dans la loi le deuxième paragraphe de l'art. 39 ; or, il est évident que ces motifs s'appliquent tout aussi bien aux actes passés par les aliénés interdits qu'aux actes passés par les aliénés non interdits dont le placement a été effectué. On peut même dire qu'ils s'y appliquent avec plus de force ; car l'état d'interdiction, dans lequel se trouvait l'aliéné au moment de la passation de l'acte, est une présomption de plus à ajouter à celle résultant du placement, qu'il était incapable de faire, à cette époque, un acte valable.

D'ailleurs, avec le système contraire, on en arriverait à une conclusion, sinon absurde, tout au moins fort bizarre, à savoir que l'aliéné non interdit, qui aurait été placé dans un établissement, jouirait, pour attaquer les actes passés pendant son séjour dans cet établissement, d'un délai plus long qu'un aliéné interdit placé aussi dans un établissement et dont l'état d'aliénation mentale aurait été constaté par un jugement.

Le délai court aussi contre l'aliéné, après sa sortie de l'asile, sans qu'il y ait eu de signification, à partir du moment où il a eu connaissance des actes passés par lui, puisque c'est là même le motif pour lequel la loi a exigé la signification. Quant à la preuve que la personne sortie de l'établissement a eu connaissance des actes, elle peut se faire, d'après M. Dalloz, seulement par écrits (1) ; suivant M. Demolombe, soit par écrits, soit par témoins, même au-dessus de 150 francs (2) ; nous croyons cette dernière opinion préférable ; car, ainsi que le dit le savant professeur, il s'agit là d'un pur fait dont les tiers intéressés n'ont pas pu se procurer une preuve écrite.

L'art. 39 dispose, dans son troisième paragraphe, que, à l'égard des héritiers de la personne retenue qui a souscrit les actes, les dix ans courent à dater de la signification qui leur en est faite ou de la connaissance qu'ils en ont eue depuis la mort de leur auteur. En ce qui concerne la nature de l'action en nullité intentée par les héritiers, la signification des actes dont l'exécution est réclamée et la preuve de la connaissance qu'en auraient eue les héritiers, nous renvoyons à ce que nous avons dit plus haut

---

(1) *Rép. de jur.*, verbo *Aliéné*, n° 289. — (2) T. VIII, p. 595.

relativement à l'action intentée par l'aliéné lui-même après sa sortie de l'établissement.

L'art. 39, dans sa dernière partie, prévoit l'hypothèse où ce dernier viendrait à mourir après que le délai de dix ans aurait commencé à courir contre lui. Le législateur se trouvait en présence de deux solutions. Il pouvait :

1° Appliquer le principe de l'art. 447 du Code de procédure et décider que le délai, dont il est question dans l'art. 39 de la loi de 1838, serait dans ce cas suspendu comme les délais d'appel, et qu'ils ne reprendraient leur cours qu'après signification faite aux héritiers.

2° Ou appliquer le principe contraire admis en matière de prescription, et décider alors que le délai courrait contre les héritiers, qu'ils aient eu ou non connaissance des actes dont il s'agit.

C'est ce dernier système que le législateur de 1838 a adopté, et l'art. 39, *in fine*, dispose que le délai de 10 ans continuera de courir contre les héritiers, lorsqu'il aura commencé de courir contre leur auteur.

Il est d'autres effets produits aussi par le placement d'un individu dans un établissement d'aliénés. Ainsi, d'après l'art. 18 du décret réglementaire pour l'élection au Corps législatif, en date du 2 février 1852, auquel renvoie la loi du 30 novembre 1875, cet individu ne peut exercer ses droits d'électeur, il ne peut donc non plus être éligible (1) ; d'après l'art. 4 de la loi 4 juin 1853, et l'art. 2 12° de la loi du 21 novembre 1872, il ne peut plus remplir les fonctions de juré ; d'une façon générale, le placement entraîne la suspension de tous les droits civiques de la personne placée.

---

(1) Le droit de prendre part au vote est suspendu pour les personnes enfermées dans un asile d'aliénés ; néanmoins ces personnes doivent figurer sur les listes (Dalloz, *J. g.*, 78, 1, 244 et 81, 1, 302).

Suivant MM. Aubry et Rau, il la rend également incapable de remplir les fonctions de tuteur et de membre d'un conseil de famille, d'exercer sur la personne de ses enfants ou de sa femme les droits de la puissance paternelle ou maritale, et d'ester en justice, soit en demandant, soit en défendant (1).

Enfin l'art. 40 de la loi de 1838 dispose que le ministère public doit être entendu dans toutes les affaires qui intéressent les personnes placées dans un établissement d'aliénés, lors même qu'elles ne seraient pas interdites. Nulle difficulté sur ce point; il n'y a là qu'une simple application de l'art. 83 du Code de procédure, d'après lequel les affaires, dans lesquelles sont intéressées des personnes auxquelles la loi a donné un curateur, doivent être communiquées au ministère public.

---

(1) Aubry et Rau, t. I, p. 535

APPENDICE

Contraventions aux dispositions de la loi de 1838
et à l'art. 475 du Code pénal.

La loi du 30 juin 1838 a établi elle-même des pénalités destinées à assurer l'exécution de ses prescriptions. Ces pénalités sont de deux sortes.

Celles dont il est parlé dans l'art. 30 ont pour but d'atteindre les actes par lesquels les chefs d'établisssements d'aliénés attenteraient directement à la liberté individuelle. L'art. 30 est ainsi conçu : « Les chefs, directeurs ou préposés responsables ne pourront, sous les peines portées par l'art. 120 du Code pénal, retenir une personne placée dans un établissement d'aliénés, dès que sa sortie aura été ordonnée par le préfet, aux termes des art. 16, 20 et 23, ou par le tribunal, aux termes de l'art. 29, ni lorsque cette personne se trouvera dans les cas énoncés aux art. 13 et 14. » La peine portée par l'art. 120 du Code pénal est une peine de six mois à deux ans d'emprisonnement et de seize à deux cents francs d'amende, dont sont passibles les gardiens et concierges des maisons de dépôt, d'arrêt, de justice ou de peine qui se rendent coupables de détention arbitraire.

Les juges pourraient-ils, dans le cas de l'art. 30, mo-

dérer la peine prononcée par cet article, en faisant application de l'art. 463 du Code pénal ? M. Leviez soutient
l'affirmative ; selon lui, en se référant à l'art. 120 du Code
pénal, l'art. 30 de la loi de 1838 s'est implicitement référé
à l'art. 463 du même Code, qui domine et modifie toutes
les peines criminelles ou correctionnelles portées par ce
Code (1). Suivant d'autres auteurs, et en particulier M.
Dalloz, la négative doit être admise, pour ce motif qu'il
s'agit ici d'une matière régie par une loi spéciale et que
cette loi, en renvoyant à un article du Code pénal, n'avait
en vue que la pénalité édictée par cet article et non les
modifications que ces pénalités peuvent subir par suite de
l'application d'un autre article du même Code.

Le second ordre de pénalités, celles dont il est parlé
dans l'art. 41, a pour but d'atteindre les actes moins graves, mais qui pourraient porter atteinte indirectement à
la liberté individuelle. Aux termes de l'art. 41 « les contraventions aux dispositions des articles 5, 8, 11, 12, du
second paragraphe de l'art. 13, des articles 15, 17, 20, 21
et du dernier paragraphe de l'art. 29 de la présente loi,
et aux règlements rendus en vertu de l'art. 6, qui seront
commises par les chefs, directeurs ou préposés responsables des établissements publics ou privés d'aliénés, et par
les médecins employés dans ces établissements, seront
punies d'un emprisonnement de cinq jours à un an, et
d'une amende de cinquante francs à trois mille francs, ou
de l'une ou l'autre de ces peines.

Il pourra être fait application de l'art. 463 (C. pén.). »

Dans le cas où une peine serait prononcée contre un
directeur en vertu de l'art. 41, une conséquence de la
peine encourue serait la destitution, s'il était chef d'un

---

(1) *Dictionnaire de l'administration française* (M. Block), verbo *Aliéné*, nº 114.

établissement public, ou le retrait de l'autorisation, s'il était à la tête d'un établissement privé.

Enfin une peine de six à dix francs d'amende est prononcée par l'art. 475, 7° du Code pénal contre « ceux qui auraient laissé divaguer des fous ou des furieux étant sous leur garde ». Cette peine peut être prononcée contre les chefs ou les gardiens d'établissements, quand il s'agit d'aliénés dont le placement a été demandé ou ordonné. Dans le cas où l'aliéné n'aurait pas été placé dans un asile, les personnes responsables seront, suivant les cas, soit le tuteur, si l'aliéné est mineur ou interdit, soit les père et mère, ou à défaut les parents les plus proches, soit même les serviteurs, s'ils avaient été chargés et s'ils avaient accepté de veiller sur l'aliéné.

Les personnes dont nous venons de parler, non-seulement sont exposées aux condamnations portées par l'art. 475, C. pén., elles encourent aussi, conformément à l'art. 1304, C. civ., une responsabilité civile pour les dommages causés par les fous ou furieux confiés à leurs soins.

TITRE III

DES CRITIQUES ADRESSÉES A LA LOI DE 1838

Nous avons dit quelle situation misérable était faite aux aliénés, à quels traitements barbares ils étaient soumis avant la loi du 30 juin 1838. Aussi cette loi fut-elle accueillie avec enthousiasme et regardée comme un véritable bienfait par les médecins aliénistes et les philanthropes de cette époque, qui, depuis longtemps, réclamaient une législation relative à cette matière. Mais depuis la mise en vigueur du nouveau régime établi, l'application en a montré les défectuosités sur un certain nombre de points, et, de l'aveu de tous, des réformes importantes s'imposent à l'attention du législateur. Déjà, en 1869, une commission avait été constituée pour préparer un projet de loi, mais ses travaux furent interrompus et la question fut abandonnée. A la suite d'un certain nombre de faits dénoncés par quelques députés à la barre de la Chambre, comme s'étant passés récemment dans de grands asiles privés, une nouvelle commission a été formée au ministère de l'intérieur ; cette commission a rédigé un projet que le gouvernement vient de déposer sur le bureau du Sénat.

Les critiques les plus vives ont été dirigées contre la loi de 1838 ; nous nous proposons, dans ce chapitre, d'exposer les principales objections qui ont été soulevées.

CHAPITRE I

PLACEMENTS VOLONTAIRES

C'est surtout contre le mode de procéder établi par la loi en ce qui concerne les placements volontaires, qu'ont été dirigées les principales attaques et les plus nombreuses réclamations, « auxquelles, dit M. Suin, dans son rapport au Sénat (*Moniteur* du 3 juillet 1867), on ne peut refuser l'épithète de sérieuses. »

Quelles sont, en effet, les garanties exigées par l'art. 8 ? Il suffit, nous l'avons vu, pour obtenir une séquestration, de produire une demande d'admission signée de la personne qui opère le placement et accompagnée d'un certificat signé par un médecin. De sorte que, en remplissant ces deux seules formalités, une personne quelconque peut, sous prétexte d'aliénation mentale, priver une autre personne de sa liberté. Et encore, dans certaines circonstances, dans le cas d'urgence prévu par l'art. 8, 2° paragraphe, et lorsqu'il s'agit d'un placement opéré dans un établissement public, les directeurs peuvent-ils se dispenser d'exiger le certificat médical.

La facilité avec laquelle la loi de 1838 a autorisé les placements volontaires, trouve, ce qui peut paraître contradictoire, son explication dans la préoccupation même du législateur pour les intérêts du malade. Les médecins aliénistes prétendaient, en effet, que le moindre retard dans le traitement d'un aliéné, rend le plus souvent sa maladie incurable; c'est dans la crainte de voir ce résultat se produire que le législateur a facilité, autant qu'il lui a été possible, les placements volontaires. L'intention était évidemment bonne; mais ne peut-on pas penser que le but a été dépassé et prétendre que la disposition de l'art. 8, excellente quand il s'agit de l'internement d'un véritable aliéné, rend peut-être trop facile le crime de séquestration arbitraire ?

Le vice de cette disposition, nous l'avons vu, n'avait pas échappé au législateur dans la discussion qui eut lieu devant les Chambres, et le premier projet de loi proposé portait : « Qu'aucun individu atteint d'imbécillité, de démence ou de fureur, ne pourra être placé ou retenu qu'en vertu d'une autorisation ou ordre du préfet. » Mais on supprima cette disposition sous prétexte qu'elle était inutile par suite des autres garanties exigées après l'entrée, et que, de plus, elle était dangereuse, parce qu'elle supprimait la responsabilité des familles en leur permettant de se retrancher derrière l'autorisation préfectorale, tandis qu'au contraire cette responsabilité se serait trouvée aggravée des manœuvres coupables employées pour surprendre l'autorisation administrative. On écarta ainsi le seul moyen qu'il y eut peut-être, étant donné qu'on ne voulait pas confier le droit de séquestration au pouvoir judiciaire, de concilier la rapidité nécessaire dans certain cas de placement et les garanties dues à la liberté individuelle des citoyens.

Sans aucune intention de porter atteinte à l'honorabilité du corps médical, ne peut-on pas aussi trouver bien insuffisante la disposition qui autorise l'internement sur le certificat d'un seul médecin. Est-il donc impossible de supposer le cas où un médecin se laisserait corrompre par des promesses pécuniaires ou autres et consentirait à délivrer un certificat de complaisance, destiné à faire enfermer un individu sain d'esprit? Ne peut-il donc pas arriver aussi que ce médecin quelconque, choisi par la personne qui requiert l'internement, commette une erreur, lorsqu'on voit souvent les spécialistes eux-mêmes dans le désaccord le plus complet sur l'appréciation d'un même cas d'aliénation mentale?

CHAPITRE II

PLACEMENTS D'OFFICE

L'art. 18 donne sur ce point aux préfets un pouvoir souverain; il leur permet d'ordonner d'office le placement de toute personne dont l'état d'aliénation compromettrait l'ordre public ou la sûreté des personnes; on exige seulement d'eux qu'ils motivent l'ordre de placement et qu'ils énoncent quelles sont les circonstances qui l'ont rendu nécessaire.

L'art. 18 est en général attaqué beaucoup moins vivement que l'art. 8, qui règle les placements volontaires et dont nous venons de parler. Toutefois, on objecte qu'un aliéné quelconque pouvant toujours être considéré comme un danger pour la sécurité publique, il en résulte que c'est un pouvoir véritablement arbitraire qui est remis entre les mains de l'autorité administrative.

On prétend aussi que la loi de 1838 a été à l'encontre de la règle constitutionnelle établissant la division des pouvoirs, en permettant au pouvoir administratif de diminuer, dans une proportion considérable, la capacité civile d'une personne, lorsque les principes les plus certains du droit exigent que toute mesure concernant cette capacité, ne puisse être prise que par une décision de l'autorité judiciaire.

CHAPITRE III

GARANTIES RELATIVES A LA MAINTENUE ET A LA SORTIE

C'est dans l'art. 4 que le législateur a organisé le système de surveillance des asiles. Le préfet, le président du tribunal, le procureur de la République, le juge de paix, le maire de la commune sont chargés de visiter les établissements d'aliénés. Le procureur de la République est tenu de visiter chaque trimestre les établissements privés, et au moins une fois par semestre les établissements publics. Il semblerait que, grâce à cette disposition, la surveillance la plus active soit exercée sur les asiles. Il en serait certainement ainsi, si la prescription de la loi était observée, et si toutes ces personnes chargées de visiter les asiles remplissaient exactement leur mission ; mais personne n'ignore que, la plupart d'entre elles, sous prétexte que le nombre des visites, autres que celles du procureur, n'est pas déterminé par la loi, soutiennent que ces visites ne sont que facultatives, et tirent de là un prétexte pour s'en dispenser. Il y a là, croyons-nous, une fausse interprétation du texte de l'art. 4 qui, en *chargeant* les personnes désignées plus haut de visiter les asiles d'aliénés, a entendu évidemment que les visites prescrites fussent obligatoires. Toutefois, nous devons avouer que l'art. 4 n'est pas aussi impératif qu'il devrait l'être, ou plutôt qu'il manque quelque peu de précision. Ce que nous critiquons donc sur ce point, c'est la rédaction vicieuse de l'article qui en permet une interprétation telle qu'on puisse se dispenser de l'exécuter.

Quant à la sortie, lorsqu'il s'agit de placements d'office, elle ne peut être ordonnée que par le préfet, à qui un pouvoir, tout aussi arbitraire que pour l'entrée, est encore laissé dans ce cas.

Pour les individus dont le placement a été volontaire, leur sortie peut être requise par certaines personnes désignées dans l'art. 14. On objecte que cet article, en laissant aux familles et aux tuteurs seuls, dans le cas d'interdiction, le droit de faire sortir le malade non complètement guéri, mais qui ne présente aucun danger pour la sécurité publique, a donné, en quelque sorte, le pouvoir de faire maintenir une séquestration inutile à ceux-là même qui peuvent avoir le plus d'intérêt à ce que la sortie n'ait pas lieu. Il est vrai que, pour le cas de guérison tout au moins, les médecins-directeurs pourront toujours la constater sur le registre prescrit par l'art 12, et arriver par ce moyen à faire cesser la séquestration. Mais ne peut-on pas craindre, le fait est possible, et cela seul suffit à montrer combien la loi est incomplète et défectueuse en ce qui concerne les sorties, que quelques-uns d'entre eux, poussés par l'intérêt, soient bien plutôt portés à ne pas user de ce moyen dans les cas si nombreux où l'individu interné est un bon ouvrier ou paie une pension élevée.

Mais la principale garantie donnée à la liberté individuelle se trouve, prétend-on, dans la disposition de l'art. 29, qui permet à l'aliéné et à toute personne, parente ou non de l'aliéné, de se pourvoir, à quelque époque que ce soit, devant le tribunal du lieu de la situation de l'établissement. Voyons si cette garantie est aussi efficace qu'on le prétend. Et d'abord le pourvoi formé par la personne enfermée, comment le fera-t-elle parvenir au tribunal? Le directeur ne peut-il pas, par toute sorte de moyens, empêcher la réclamation de sortir de l'établissement. Nous n'ignorons pas que la loi, dans l'art. 29, dispose que aucunes requêtes, aucunes réclamations adressées soit à l'autorité judiciaire, soit à l'autorité administrative, ne pourront être supprimées ou retenues par les chefs d'établissement, et punit ce délit d'une peine d'emprisonnement et d'amende, ou de l'une ou de l'autre de ces peines. Mais si on suppose un directeur ne reculant pas devant un crime de séquestration entraînant une condamnation à une peine criminelle, rien n'est plus naturel que de croire qu'il ne reculerait pas davantage devant un simple délit entraînant la condamnation à un emprisonnement correctionnel.

Quant à la garantie fournie par la disposition qui permet à toute personne de se pourvoir devant l'autorité judiciaire en faveur d'un individu séquestré, nous passerons sans insister sur ce point. Contentons-nous de constater, avec M. Suin dans son rapport au Sénat, que de 1838 à 1867, « il ne s'était trouvé un seul parent, un voisin, un ami qui ait usé du droit si considérable que le législateur a mis à sa disposition. »

CHAPITRE IV

CRITIQUES RELATIVES AUX DISPOSITIONS CONCERNANT

LES BIENS DES ALIÉNÉS

Le législateur de 1838 s'est principalement. préoccupé des questions relatives à la personne des aliénés et on peut, non sans raison, lui reprocher d'avoir négligé celles qui concernent la gestion de leurs biens.

Ainsi, avec le système qu'il a établi, le cas peut parfaitement se présenter où un individu aliéné et possédant une fortune peut-être très considérable, soit privé d'un administrateur provisoire, l'administration n'étant, en effet, que facultative lorsqu'il s'agit d'un placement opéré dans un établissement privé.

On reproche aussi à la loi d'avoir compliqué, sans nécessité, le système d'administration. Il résulte, en effet, des art. 31, 32, 33 et 38, que trois catégories de personnes peuvent être appelées à intervenir en même temps dans les affaires d'un aliéné : 1° un administrateur provisoire ; 2° un mandataire spécial; 3° un curateur. Complication inutile et dangereuse; inutile puisqu'on aurait pu, sans inconvénient, laisser à l'administrateur les fonctions confiées au mandataire spécial; dangereuse en même temps parce que, dit M. Huc, les tiers ne sachant pas s'il vaut mieux traiter avec l'administrateur provisoire qu'avec le mandataire spécial, ou avec l'un des deux qu'avec le curateur, ne voudront pas traiter du tout, et que le prétendu dément se trouvera ainsi rejeté, sans jugement, en dehors de tout rapport social (1).

La disposition de la loi qui établit un administrateur et règle ses fonctions, non seulement ne sert pas les intérêts de l'aliéné, elle leur est même nuisible, par suite des étroites limites dans lesquelles elle a renfermé les pouvoirs de l'administrateur. Supposons, en effet, qu'un individu aliéné soit enfermé dans un établissement, et que quelques jours après sa séquestration, il soit nécessaire de faire pour lui, sur ses biens, un acte de disposition ; il se présentera alors ce fait que personne n'aura le pouvoir de passer cet acte pour lui. Que dit, en effet l'art. 31, qui règle la matière? D'après cet article, « l'administrateur procédera au recouvrement des sommes dues à la personne placée dans un établissement, et à l'acquittement de ses dettes, passera des baux qui ne pourront excéder trois ans, et pourra même, en vertu d'une autorisation spéciale accordée par le tribunal, faire vendre le mobilier. » On voit donc que toutes les fonctions énumérées dans cet article, sont limitées à la simple administration ; aussi un

______

(1) *Académie de législation de Toulouse*, t. 18, p. 108.

tribunal n'a jamais osé autoriser un administrateur à transiger ou à compromettre pour un aliéné, ou à constituer une hypothèque sur ses biens. Il est vrai que la plupart des tribunaux (1), par suite de nécessités pratiques, ont décidé que le juge peut donner à l'administrateur l'autorisation d'accepter une succession échue à l'aliéné. Mais on peut penser, et c'est l'avis d'un certain nombre d'auteurs et de tribunaux (2), que la loi sur ce point a été l'objet d'une fausse interprétation, et nous avons exposé plus haut, en étudiant la disposition de l'art. 36, l'argumentation des jurisconsultes dont l'opinion diffère de celle de la jurisprudence.

On reproche aussi au législateur de n'avoir pas été assez exigeant en ce qui concerne lés garanties demandées à l'administrateur provisoire. Ainsi l'art. 34 permet au tribunal de constituer, par le jugement de nomination, une hypothèque générale ou spéciale sur les biens de l'administrateur; d'où il suit que les biens d'un administrateur provisoire légal ne peuvent pas être soumis à une hypothèque, ayant pour cause cette administration. N'est-il pas en outre à craindre que, même dans le cas d'administration provisoire judiciaire, les tribunaux hésitent à prendre cette précaution, dans la crainte que l'administrateur ne voie là un fait injurieux pour lui ?

Enfin, selon MM. Aubry et Rau, la responsabilité qui pèse sur l'administrateur serait loin d'être aussi lourde que celle qui incombe aux tuteurs; selon ces auteurs, elle serait, à défaut de texte spécial, celle du droit commun en ma-

---

(1) Chambre du Conseil du tribunal de la Seine, décisions des 4 juin, 1er juillet 1853 et 28 janvier 1854.

(2) Dalloz, J. G., 72, 2, 238.

tière de mandat. « Nous ne pensons pas, ajoutent-ils, qu'on puisse, sous ce rapport, assimiler cet administrateur à un tuteur et le soumettre comme ce dernier aux dispositions exorbitantes que renferment, par exemple, les art. 455, 456 et 474, al. 1ᵉʳ (1). »

« Les actes faits par une personne placée dans un établissement d'aliénés, pendant le temps qu'elle y aura été retenue sans que son interdiction ait été prononcée ni provoquée, pourront, dit l'art. 39, être attaqués pour cause de démence, conformément à l'art. 1304 du Code civil. » Les termes mêmes de cet article indiquent suffisamment que ces actes ne sont pas nuls de droit, mais qu'ils sont seulement susceptibles d'être annulés. Les tribunaux ont donc en cette matière un pouvoir d'appréciation absolu. Pas de discussion possible sur ce point. Mais devra-t-on appliquer la présomption de validité ou celle de nullité? Sera-ce au demandeur à prouver la démence ou au défendeur la sanité d'esprit? Le législateur n'a pas pris soin de s'expliquer sur cette question, qui a donné lieu entre les auteurs à la controverse dont nous avons parlé plus haut. Aussi la loi a-t-elle été l'objet de très vives critiques relativement à cette grave omission.

---

(1) Cours de droit civil, p. 532, note 21.

TITRE IV

DE QUELQUES LÉGISLATIONS ÉTRANGÈRES

RELATIVES AUX ALIÉNÉS

Après avoir indiqué les principales critiques qui ont été adressées à la loi de 1838, nous devons maintenant passer en revue les diverses législations étrangères. Cette étude nous fournira de précieuses indications en ce qui concerne les réformes que nous avons l'intention de proposer dans le chapitre suivant (1).

---

(1) Nous avons puisé un grand nombre des renseignements que nous donnons sur les législations étrangères dans l'annuaire de législation étrangère et dans la remarquable étude de M. Bertrand, sur les diverses législations relatives aux aliénés, publiée par la Société de législation comparée dans son bulletin de 1872.

CHAPITRE I

En France, les différentes prescriptions concernant les aliénés ont été condensées dans une seule et même loi, celle du 30 juin 1838. En Angleterre, il n'en est pas ainsi, et la matière est régie par un certain nombre de statuts, dont les plus importants sont ceux de 1845, 1853, 1855, 1862 et 11 août 1875.

La législation anglaise relative aux aliénés, est en général considérée comme celle qui, de toutes, offre les plus grandes garanties pour la liberté individuelle, et le plus de sécurité pour l'administration des biens des aliénés ; beaucoup de personnes la regardent comme un modèle à suivre exactement dans les réformes qui sont susceptibles d'être introduites en France à la loi du 30 juin 1838. Aussi, étudierons-nous ce point de législation étrangère avec quelques détails, afin de lui donner, dans notre étude, toute l'importance qu'il mérite.

Ire SECTION

PLACEMENT ET TRAITEMENT DES ALIÉNÉS

Le mode de placement diffère suivant qu'il s'agit de *private lunatics* ou aliénés qui possèdent des ressources suffisantes pour payer les dépenses de leur traitement, ou de *pauper lunatics* ou aliénés indigents.

§ I.

Private lunatics.

Les aliénés de cette espèce peuvent être traités soit dans des asiles, soit à domicile.

§ 1. A). *Aliénés traités dans les asiles.* — Les aliénés ainsi placés ont reçu la dénomination de lunatics *under certificates,* parce que la personne qui requiert le placement doit présenter, outre un ordre (*order*) signé par elle, les certificats de deux médecins attestant qu'il est nécessaire de séquestrer l'aliéné.

L'ordre doit mentionner le degré de parenté ou la nature des relations qui existent entre la personne qui forme la demande et celle dont le placement est requis. Il est accompagné d'un rapport sur l'état de l'aliéné, sur les causes présumées, le degré de gravité, etc., de la maladie; ce rapport peut être signé par une personne autre que celle qui a signé l'ordre. Les médecins sont tenus d'examiner séparément l'aliéné et de rendre compte dans leurs certificats de leurs observations particulières; ces certificats perdraient toute valeur s'ils étaient délivrés plus de sept jours avant le placement.

Dans les 48 heures, l'admission doit être mentionnée sur un registre spécial tenu dans chaque asile; dans les 24 heures, il doit en être rendu compte aux *commissioners in lunacy* (commissaires aux aliénés), fonctionnaires spéciaux institués pour surveiller l'exécution des lois relatives aux aliénés. Le médecin de l'établissement est tenu de mentionner au moins une fois par semaine, sur un autre registre, les changements survenus dans l'état de l'aliéné.

B) *Aliénés traités ailleurs que dans les asiles.* — Ces aliénés sont les *lunatics not sofound by inquisition* et les *chancery lunatics.*

Les premiers sont ceux dont la maladie n'a pas été soumise à une constatation légale et qui sont soignés et tenus enfermés soit chez eux, soit chez des parents ou amis. Sur ordre écrit du lord chancelier, les *commissioners in lunacy* ont le droit de pénétrer dans le local qui sert de lieu de traitement aux aliénés et de les examiner. Tout agent de l'autorité est tenu, sous peine d'une amende, dans le cas où il vient à apprendre qu'un aliéné laissé à sa famille est l'objet de mauvais traitements ou ne reçoit pas les soins nécessaires, de porter, dans les trois jours, ce fait à la connaissance du juge de paix. Celui-ci l'examine lui-même et le fait examiner par un médecin qui donne son avis par écrit. S'il résulte pour lui de l'enquête que les faits dénoncés existent réellement, il fait comparaître l'aliéné devant une commission composée de deux autres juges de paix et d'un médecin ; cette commission peut ordonner, lorsqu'elle le juge convenable, que le malade cessera d'être soigné à domicile et sera placé d'office dans un asile.

Les *chancery lunatics* sont les aliénés dont la maladie a été constatée légalement après enquête (*lunatics by inquisition*) et qui sont soumis à l'interdiction. La procédure à suivre pour obtenir la déclaration d'aliénation et l'interdiction est la suivante. Les parents ou amis, qui jugent l'interdiction nécessaire, adressent au lord chancelier une requête pour demander qu'il soit fait une en-

quête. Cette enquête est confiée à deux magistrats spéciaux appelés *masters in lunacy*. L'aliéné a le droit de
demander à être renvoyé devant un jury, qui recommence
une enquête et décide s'il est ou non nécessaire que
l'aliénation soit déclarée. Dans le cas où le lord chancelier n'approuverait pas la décision du jury, il a le droit
d'ordonner le renvoi devant un autre jury.

L'aliéné déclaré tel par enquête, peut être placé dans
un établissement; le plus souvent il est traité à domicile.
Nous verrons plus loin de quelle façon sont administrés
ses biens. Quant à la garde de sa personne, elle est confiée par le lord chancelier à un *committee to lunatic* désigné par les masters. Un de ces derniers est chargé de
visiter l'aliéné au moins quatre fois par an et de constater
si les soins qui lui sont donnés sont suffisants. Cette
visite peut être confiée aussi par le lord chancelier à un
des trois *visitors* institués à cet effet.

§ II

Pauper lunatics.

En principe, les aliénés indigents doivent être placés
dans des asiles. Toutefois, les *guardians* des pauvres
peuvent, lorsqu'ils le jugent à propos, les laisser soigner
à domicile, en leur accordant des secours pour frais de
traitement.

Les *pauper lunatics* non traités à domicile sont envoyés
soit dans des *workhouses*, soit dans des asiles. Sont envoyés dans les *workhouses* (maisons de travail et de
refuge pour les pauvres), les aliénés indigents dont la
folie n'est pas dangereuse. Dans les quatorze jours du

placement, ils doivent être transférés dans un asile, à moins que le *medical officer* de la paroisse n'atteste qu'on peut sans inconvénient, les laisser dans le *workhouse*.

Les asiles sont destinés à recevoir : 1° les aliénés indigents qui leur sont envoyés des *workhouses;* 2° ceux qui leur sont envoyés directement, soit par les juges de paix, soit en cas d'empêchement du juge de paix, par le ministre officiant (*officiating clergyman*), assisté de l'officier de l'assistance publique (*relieving officer*) ou du commissaire des pauvres (*overseer*) de la paroisse. Dans tous les cas, les *commissioners in lunacy* ont le droit d'envoyer dans les asiles les *pauper lunatics* dont le placement leur paraît nécessaire. L'ordre d'envoi dans un asile, qu'il soit donné par l'une ou l'autre des personnes à qui la loi confère le droit de placement, doit toujours être accompagné du certificat d'un médecin.

Les dépenses nécessitées par le traitement du *pauper lunatic* sont à la charge de la paroisse qui l'a envoyé; toutefois, il lui est accordé un recours contre la paroisse du lieu de naissance ou celle du domicile de l'aliéné, suivant les cas.

§ III

Criminal lunatics and insane prisoners.

La loi anglaise s'est aussi occupée de la question des aliénés criminels et des aliénés prisonniers, sur laquelle la loi française est restée muette.

Lorsqu'un aliéné se trouve dans des conditions telles que, laissé en liberté, il devienne un danger pour la sécurité publique, il doit être placé dans un asile ou un hôpital sur l'ordre de deux juges de paix, accompagné du certificat d'un médecin.

Lorsqu'un individu a été acquitté par le jury comme étant aliéné au moment où il a commis un crime, ou est reconnu aliéné au moment du jugement, la Cour ordonne sa détention provisoire ; le ministre de l'intérieur, par délégation du souverain, ordonne ensuite qu'il soit placé dans un asile.

Pour les *insane prisoners* ou détenus devenus fous depuis leur détention, le ministre a aussi le droit de les faire transférer de la prison dans tel établissement qu'il juge convenable, après enquête faite par deux médecins au moins.

Actuellement, ces différentes catégories d'aliénés sont envoyées dans un des trois asiles fondés spécialement par l'État (*state asylums*), pour la séquestration et le traitement des accusés ou condamnés aliénés.

II° SECTION

ÉTABLISSEMENTS DESTINÉS A RECEVOIR LES ALIÉNÉS

Ces établissements sont :

1° Les pensions qui ne reçoivent qu'un seul aliéné (*unlicensed houses*) ; elles ne nécessitent aucune autorisation administrative.

2° Les établissements recevant au moins deux aliénés

(*licensed houses*). Ils ne peuvent être ouverts qu'avec une licence délivrée à Londres par les *commissioners in lunacy*, dans les comtés par l'Assemblée des juges de paix. L'autorisation ne peut être donnée pour une période de temps dépassant trente mois; à l'expiration de ce délai, elle peut être renouvelée. Elle est révocable à tout moment par le lord chancelier, sur la demande des *commissioners in lunacy* ou de l'Assemblée des juges de paix.

3° Les hôpitaux (*registered hospitals*). Ce sont en général des établissements fondés et entretenus par la bienfaisance privée. Un registre spécial est tenu par les *commissioners in lunacy*, sur lequel doivent être enregistrés ces établissements (*registered*), pour pouvoir traiter des aliénés.

4° Les asiles (*asylums*). Ce sont les établissements publics destinés en principe à recevoir les aliénés indigents des comtés ou bourgs, aux frais desquels ils ont été élevés. Toutefois ils peuvent, lorsqu'il leur reste de la place, recevoir des aliénés indigents des comtés ou bourgs voisins et même des aliénés payant pension. C'est aussi dans les *asyles* quo sont envoyés les aliénés errants et les aliénés qu'on place d'office, lorsqu'il est constaté qu'ils sont mal soignés ou maltraités dans leurs familles.

5° Les asiles du gouvernement (*state asylums*). Ils sont destinés spécialement au traitement des aliénés criminels reconnus comme ayant agi sans discernement (*criminal lunatics*), et des condamnés qui deviennent aliénés pendant la durée de leur peine (*insane prisoners*).

IIIᵉ SECTION

CONTROLE ET SURVEILLANCE DES ALIÉNÉS ET DES ÉTABLISSEMENTS D'ALIÉNÉS

La loi anglaise a multiplié les moyens d'empêcher toute séquestration arbitraire de se produire; c'est sur ce point particulièrement qu'elle est supérieure à la loi française. Nous allons étudier séparément les diverses mesures qu'elle a prises dans ce but.

Aliénés traités à domicile. — Les aliénés *by inquisition* traités à domicile, doivent être visités au moins quatre fois par an par un des *masters in lunacy* ou un *visitor* désigné par le lord-chancelier, et en outre, à tout moment, sur l'ordre de ce dernier. Après chaque visite, le fonctionnaire qui en a été chargé est tenu d'adresser au lord chancelier un rapport spécial contenant ses observations sur la façon dont est soigné et traité le malade. Les *visitors* doivent, de plus, faire un rapport semestriel général.

Les aliénés *not so found by inquisition* soignés dans leurs familles, sont visités par les *commissioners in lunacy* sur ordre du lord chancelier, toutes les fois que celui-ci le juge à propos. Des peines sévères sont édictées contre quiconque s'oppose à l'exécution de ces ordres.

Les *pauper lunatics* qui reçoivent des secours à domicile, doivent être visités tous les trois mois par le médecin officiel de la paroisse.

Aliénés traités dans des établissements. — *Licensed houses et registered hospitals.* — A leur entrée dans ces asiles, les aliénés doivent être inscrits sur un registre spécial.Les *commissioners in lunacy* en sont avisés immédiatement ; un rapport détaillé sur l'état mental de l'aliéné leur est envoyé dans les sept jours du placement.

Dans chaque établissement sont tenus deux registres ; sur l'un, le livre des admissions, doivent être inscrites dans les sept jours, les observations du médecin de l'établissement sur la situation du *patient*. Sur l'autre, le registre de description des maladies, doivent être notés l'état du malade au moment du placement et les causes de sa maladie ; il est destiné aussi à recevoir la mention des changements qui surviennent dans l'état de l'aliéné.

Sur un troisième registre, le livre de visites, les médecins qui doivent visiter l'établissement sont tenus de consigner leurs observations sur la santé des aliénés et le traitement auquel ils sont soumis.

Quant aux *commissioners in lunacy*, ils ont le droit de pénétrer dans ces asiles quand il leur plaît, et même la nuit, mais alors ils doivent être deux. En tous cas, deux d'entre eux doivent visiter les *registered hospitals* au moins une fois, et les *licensed houses* au moins quatre fois par an. Après chaque visite, ils adressent un rapport détaillé au conseil des *commissioners*.

Pour les établissements hors de Londres et de sa circonscription, ces visites sont faites par une commission composée de trois juges et d'un médecin nommés annuellement par l'Assemblée des juges de paix.

Workhouses. — Les *pauper lunatics* qui sont internés dans les *workhouses* sont visités aussi tous les trois mois par les médecins officiels des *workhouses*, et par les *commissioners in lunacy*, quand ceux-ci le jugent à propos.

Asylums. — Chaque asile est sous la surveillance d'une

commission de sept *visitors* nommée par les juges de paix en *quarter sessions;* deux d'entre eux doivent visiter l'asile au moins tous les deux mois et adresser ensuite un rapport détaillé aux *commissioners in lunacy*. L'asile est aussi soumis à la surveillance des *commissioners*. Enfin, le ministre de l'intérieur, le lord chancelier et le commissaire des pauvres, ont le droit, lorsqu'il leur plaît, de faire visiter l'asile par un médecin ou par toute autre personne.

State asylums. — Ces établissements sont sous la surveillance directe de trois *visitors* nommés par le ministre de l'intérieur. Ils sont visités au moins une fois par an par les *commissioners*, qui doivent ensuite adresser un rapport au ministre. Celui-ci, ainsi que le lord chancelier, peuvent, quand il leur plaît, prescrire des visites ou des enquêtes dans tout asile du gouvernement.

IVᵉ SECTION

SORTIE DES ALIÉNÉS

Licensed houses et registered hospitals. — La personne qui a donné l'ordre de placement, ou, à son défaut, les plus proches parents de l'aliéné, placé dans un de ces établissements, peuvent requérir sa sortie avant même qu'il soit guéri. Lorsque le médecin de l'asile pense que la sortie est inopportune et considère qu'il y a danger à mettre le malade en liberté, il peut faire opposition à l'ordre de sortie ; les *commissioners in lunacy* ou les *visitors* statuent.

La mise en liberté des aliénés enfermés dans les *licensed houses* peut toujours être ordonnée par les *commissioners* ou les *visitors;* il peut être fait opposition à leur ordre par le médecin de l'établissement, quand il s'agit d'un individu placé dans un *registered hospital.*

Asylums. — *Sortie des aliénés renfermés comme pauper lunatics.* — L'ordre de sortie est donné pour cette catégorie d'aliénés par trois des *visitors.*

State asylums. — Le secrétaire d'État de l'intérieur peut seul ordonner la mise en liberté des condamnés aliénés. Si l'aliéné est guéri avant l'expiration de sa peine, il doit être transféré en prison pour le temps que doit encore durer sa détention. Si, au contraire, sa peine expire avant qu'il soit guéri, il peut ou être mis en liberté, ou, si sa sortie est considérée comme dangereuse, être envoyé à l'asile du comté.

Vᵉ SECTION

DISPOSITIONS RELATIVES A LA GESTION DES BIENS

DES ALIÉNÉS

Lunatics by inquisition. — Nous avons vu que la personne de l'aliéné, déclaré tel par enquête, est confiée à un tuteur (committee to lunatic) ; la garde de ses biens est confiée par le lord chancelier aussi à un curateur (committee to estate). C'est par ce curateur que les aliénés sont représentés en justice comme demandeurs ; ils peuvent l'être aussi par leur plus proche ami (*next friend*) ; comme défendeurs, ils sont représentés par leur curateur ou un tuteur *ad hoc* (annexe de l'Acte du 11 août 1875).

Ce n'est que par exception et pour les actes d'administration très peu importants, que ce curateur peut agir seul. En principe, il ne peut agir que sur ordonnance du lord chancelier et sur rapports faits par les *masters in lunacy.*

Mais alors les actes qu'il accomplit, même ceux de disposition, sont pleinement valables et doivent produire tous leurs effets.

Lunatics not so found by inquisition. — Lorsque la fortune des aliénés non déclarés tels par enquête est compromise par une mauvaise gestion, le lord chancelier peut, sur le rapport des *masters in lunacy,* ou bien prendre toutes mesures qu'il juge nécessaires pour la bonne administration, ou bien même ordonner une enquête pour arriver à la déclaration d'aliénation *by inquisition.*

Lunatics under certificates. — Les *commissioners in lunacy* peuvent toujours se faire rendre compte de la gestion des biens de l'aliéné par la personne qui s'en est chargée ou qui en a été chargée. S'il leur apparaît que la fortune de l'aliéné est compromise par une mauvaise administration, ils peuvent provoquer une déclaration d'aliénation *by inquisition.*

Criminal lunatics. — Toutes les mesures qui peuvent être prises pour la gestion des biens des aliénés dont nous avons parlé plus haut, sont applicables également à la gestion des biens des aliénés détenus.

CHAPITRE II

BELGIQUE

Le régime des aliénés en Belgique est fixé par la loi du 18 juin 1850, qui a été calquée en grande partie sur la loi française de 1838 et modifiée par celle du 28 décembre 1873. (Arrêté royal du 25 février 1874.)

Le chapitre Ier s'occupe des établissements d'aliénés, des conditions auxquelles est soumise l'autorisation d'ouvrir un asile, et des circonstances qui peuvent amener le retrait de cette autorisation.

L'autorisation est donnée par le gouvernement (art. 1); celui-ci se réserve le droit de nommer le personnel des médecins (modification à la loi de 1850), d'examiner si les conditions d'hygiène sont suffisantes, d'exiger du directeur un cautionnement assez élevé (art. 2), et enfin de retirer l'autorisation (art. 4).

Toute personne intéressée peut faire interner un aliéné, à la seule condition que sa demande soit visée par le bourgmestre de la commune où se trouve l'aliéné (art. 7) et accompagnée d'un certificat d'un médecin; en cas d'urgence, il suffit que ce certificat soit remis dans les 24 heures (art. 8).

La séquestration peut aussi avoir lieu : 1° Sur la demande de l'autorité locale du domicile de secours d'un aliéné indigent; 2° en vertu d'un arrêté de collocation pris par l'autorité locale compétente; 3° en vertu d'un arrêté de la députation permanente du conseil provincial (art. 7).

L'autorité judiciaire et l'autorité administrative doivent recevoir avis du placement dans les vingt-quatre heures (art. 10).

L'ordre de placement est donné par le ministère public pour les prévenus ou les condamnés aliénés (art. 12).

La sortie a lieu sur la déclaration de guérison du médecin de l'établissement; dans les cinq jours, l'aliéné doit être mis en liberté, à moins qu'il ne se produise quelque opposition à sa sortie; dans ce cas, il est statué par la députation permanente du conseil de province. Elle a lieu aussi sur la réquisition des personnes qui ont opéré le placement, même avant la guérison (art. 15).

L'art. 17 consacre le droit accordé à l'individu interné ou à toute personne intéressée, de se pourvoir devant l'autorité judiciaire. La décision doit être rendue en chambre du conseil, sur requête et après communication au ministère public.

Tous les asiles sont sous la surveillance du gouvernement, qui les fait visiter tant par des fonctionnaires spécialement délégués à cet effet que par des comités permanents d'inspection, chargés de veiller à l'exécution de toutes les mesures prescrites par la loi et par les règlements. Chaque établissement doit être visité en outre, à des jours indéterminés, une fois au moins : 1° tous les six mois par le bourgmestre de la commune; 2° tous les trois mois par le procureur du roi de l'arrondissement; 3° tous les ans par le gouverneur de la province ou un membre de la députation permanente, délégué par le gouverneur (art. 21).

Un registre est tenu dans chaque asile; il doit contenir tous les renseignements relatifs à l'aliéné; les visiteurs y apposent leur visa et y consignent leurs observations, s'il y a lieu (art. 22).

Chaque année, les chefs d'établissements et les comités d'inspection transmettent un rapport à l'administration supérieure (art. 23). A chaque période de trois années, le gouvernement doit présenter aux Chambres législatives un rapport sur les établissements d'aliénés (art. 24).

Pour les aliénés non placés, leur état mental doit être constaté par deux médecins, l'un nommé par la famille, l'autre par le juge de paix du canton qui doit visiter ces aliénés, au moins une fois par trimestre, et a le droit de les faire visiter par un médecin, chaque fois qu'il le juge convenable (art. 26).

Quant aux dispositions concernant les frais d'entretien et les effets du placement de l'aliéné sur l'administration de ses biens et sa capacité de contracter, elles étaient, à peu de chose près, dans la loi de 1850, la reproduction de celles contenues dans la loi française; mais la loi de 1874 y a introduit quelques changements assez importants. Ainsi les garanties à fournir, d'après la loi du 16 décembre 1851, par les tuteurs des mineurs, sont applicables à l'administrateur provisoire nommé par le tribunal. En outre, la loi belge accorde à l'administrateur des pouvoirs plus étendus que la loi française; en particulier, elle lui accorde le droit, aux mêmes conditions qui sont prescrites pour le tuteur de l'interdit, d'accepter une succession sous bénéfice d'inventaire, d'emprunter et de consentir une hypothèque pour payer des dettes (art. 31).

La loi du 7 juillet 1880, sur le régime des aliénés dans le Grand-Duché de Luxembourg, est la reproduction presque complète de la loi belge; elle n'en diffère guère que par l'introduction, dans les comités de surveillance des asiles établis par l'art. 21, d'un juge qui est chargé

spécialement du contrôle des placements et des élargis-
sements (1).

CHAPITRE III

COLONIE DE GHEEL (BELGIQUE)

(RÈGLEMENT RENDU EN EXÉCUTION DE L'ART. 6
DE LA LOI DE 1850).

Ce qui distingue le régime de Gheel de tous les autres, c'est que les aliénés, au lieu d'être isolés, sont placés chez les habitants de la commune. Avant leur placement, les malades sont mis en observation dans l'infirmerie de la colonie par le médecin général et un médecin de section, qui seuls, après examen, peuvent autoriser à les remettre entre les mains des *nourriciers*.

Les aliénés sont, en général, employés aux travaux agricoles ; les personnes chez lesquelles ils sont placés sont responsables des dommages et des dégats qu'ils causent. L'autorisation de recevoir des malades peut être révoquée par un comité supérieur présidé par le gouverneur de la province ou son délégué et chargé de la surveillance

---

(1) *Ann. de législ. étrang.*, année 1881, p. 426.

générale. Ce comité doit se réunir au moins tous les trois mois à Gheel et inspecter avec le plus grand soin et dans tous ses détails le service des aliénés. Une commission élue dans son sein par le comité supérieur est chargée de la surveillance permanente.

Le service médical est sous la haute direction d'un médecin inspecteur, ayant sous ses ordres quatre médecins chargés chacun du service d'une section. Chaque médecin de section doit visiter au moins une fois par semaine les aliénés compris dans son service; le médecin-inspecteur doit visiter chaque section au moins quatre fois par an. L'état de l'aliéné est constaté à chaque visite, par les médecins de section, sur un livret qui reste chez le nourricier; par le médecin-inspecteur sur un registre semblable à celui qui est prescrit par l'art. 22 de la loi de 1850.

La sortie s'opère : 1° sur la constatation de guérison résultant du certificat des médecins; 2° sur la réquisition des personnes qui ont opéré le placement.

CHAPITRE IV

LOI DE L'ÉCOSSE

Le régime des aliénés, en Écosse, est réglé par un certain nombre de statuts dont les principaux sont ceux de 1857, de 1862 et de 1866.

Le service est sous la direction supérieure du *lord avocate* d'Écosse, et sous la surveillance d'un comité composé de deux membres appointés (*paid*), d'un président et de trois membres non rétribués, auxquels le secrétaire d'État a le droit d'adjoindre deux médecins.

Les asiles de chaque comté sont visités à époques indéterminées par les *shérifs*, par une commission composée de trois juges de paix, et au moins deux fois par an par les *commissioners* rétribués.

Dans chaque asile est tenu un registre spécial destiné à recevoir les observations des visiteurs.

Aucun chef d'établissement ne peut retenir un aliéné pendant plus de trois jours, s'il ne lui est remis un ordre écrit du *shérif*, ordre qui ne peut être délivré que sur les certificats les plus détaillés de deux médecins. Au bout de trois années, si l'ordre du *shérif* n'est pas renouvelé, l'individu séquestré doit être élargi.

Le placement des *pauper lunatics* est confié aux *commissioners* et aux *shérifs*. Ces derniers sont en outre chargés de la collocation des aliénés dangereux.

La sortie des aliénés a lieu :

1° Sur le certificat de guérison délivré par le directeur ou le médecin de l'établissement;

2° Sur la demande de toute personne, demande accompagnée des certificats de deux médecins dont le choix a été approuvé par le *shérif;*

3° Sur la réquisition de la personne qui a opéré le placement, alors même que l'aliéné n'est pas encore guéri, à moins qu'il ne soit dangereux. Dans ce cas, la sortie ne peut avoir lieu qu'avec l'autorisation du *shérif*.

Quant aux biens des aliénés, la gestion en est confiée à des tiers. Lorsque le *lord avocate* juge qu'ils sont mal administrés, il peut faire nommer un *judicial factor*. En tout cas, sur sa demande, la *Court of session* peut prescrire toutes les mesures qui lui paraissent nécessaires.

CHAPITRE V

LOI DE GENÈVE

(5 FÉVRIER 1838)

Aucun établissement ne peut recevoir d'aliénés que sur l'autorisation ou l'ordre écrit du lieutenant de police (art. 1). Celui-ci doit préalablement examiner ou faire examiner la personne prétendue aliénée (art. 3). L'ordre ne peut avoir d'effet pendant plus de six mois; il peut être ensuite renouvelé (art. 4). Les difficultés relatives au placement sont soumises au collège des syndics (art. 6). Le procureur général doit être prévenu des ordres, des renouvellements et de toutes les réclamations (art. 5 et 6).

La sortie a lieu :

1° Lorsque le renouvellement de l'ordre n'a pas été fait;

2° Lorsque le tribunal, saisi de la mainlevée de l'interdiction, l'a prononcée;

3° Lorsque les parents qui ont requis l'autorisation, demandent que l'aliéné leur soit rendu;

4° Lorsque la guérison est constatée par les médecins de l'établissement.

Toutefois, le lieutenant de police peut s'opposer à la sortie et porter la difficulté devant le collège des syndics (art. 7), qui peut, dans tous les cas, ordonner la sortie immédiate.

L'art. 9 édicte la sanction de ces prescriptions.

Le Conseil d'État autorise l'ouverture des établissements; il peut, à tout moment, retirer l'autorisation. Il est chargé de leur surveillance. Le lieutenant de police et ses délégués, le procureur général et ses substituts peuvent les inspecter quand ils le jugent à propos (art. 10 et 11).

L'art. 12 prescrit, dans chaque asile, la tenue d'un registre destiné à contenir les renseignements les plus précis sur l'aliéné, et qui doit être présenté à toute réquisition aux personnes chargées de la surveillance des asiles (art. 12).

La nomination d'un administrateur provisoire aux biens des aliénés est confiée au tribunal civil; elle peut être provoquée par leurs parents, par le procureur général ou par la commission administrative de l'établissement (art. 13). Ses pouvoirs ne dépassent pas les actes conservatoires et de simple administration (art. 15); ils cessent de plein droit par la sortie de l'aliéné; par le laps de deux ans, lorsqu'ils n'ont pas été renouvelés; par la révocation de cet administrateur prononcée par le tribunal (art. 19). A la cessation de ses fonctions, il doit rendre compte à qui de droit (art. 23).

Après la mort d'un individu dont l'interdiction n'a été ni prononcée, ni provoquée, les actes par lui faits pendant qu'il était placé dans un établissement d'aliénés peuvent être attaqués pour cause de démence (art. 24).

CHAPITRE V

ÉTATS-UNIS

Ire SECTION

NEW-YORK

(ACTES DES 12 MAI 1874 ET 15 MAI 1876)

Un individu aliéné ne peut être interné que sur le certificat de deux médecins, qui doivent prêter serment. Dans les cinq jours, un juge compétent doit statuer sur ce certificat, après avoir procédé à une enquête minutieuse.

La surveillance des établissements d'aliénés est confiée aux inspecteurs des pauvres et à un fonctionnaire nommé *commissioner in lunacy*, qui doit être un médecin, et dont le choix et la nomination sont confiés au gouverneur assisté du Sénat. Les pouvoirs les plus étendus lui sont laissés pour l'exercice de ses fonctions. Chaque fois qu'il soupçonne qu'un abus est commis, soit dans un établissement public, soit dans un établissement privé, il peut ordonner toutes enquêtes et faire toutes recherches qu'il juge nécessaires.

Les biens des aliénés sont gérés par un tuteur ou par un comité qui en remplit les fonctions, sous la surveillance de la Cour suprême ou de la Cour de Comté. La loi du 15 mai 1876, dans son art. 2, autorise le tuteur à vendre les immeubles de l'aliéné, et la Cour suprême ou la Cour de Comté à décider de quelle façon le remploi doit être fait.

IIe SECTION

CANADA

ACTE DE 1880

Cet acte a remplacé une loi précédente votée en 1879. Il donne au gouvernement le droit de contrôle sur les asiles d'aliénés; ce contrôle est exercé par un médecin visiteur. Toute demande d'admission doit être adressée au secrétaire de la province; elle doit être accompagnée du certificat d'un médecin et de celui du maire de la commune; la séquestration ne peut être prononcée qu'après avis du médecin inspecteur de l'asile.

Tous les mois, un rapport est fait par le médecin ou le directeur de chaque asile au médecin inspecteur, et communiqué par ce dernier avec ses observations, au secrétaire de la province qui ordonne ou interdit la mise en liberté des personnes placées.

Quant aux aliénés dangereux, le juge de paix peut, sur la dénonciation qui lui est faite, les faire séquestrer d'office. Dans les trois jours, il doit procéder à une enquête minutieuse et statuer sur la mise en liberté de ces aliénés. Sa décision peut être réformée par le lieutenant-gouverneur après une nouvelle enquête.

TITRE V

DES RÉFORMES PROPOSÉES

Nous avons examiné les principales critiques dirigées contre la loi de 1838, nous avons étudié les plus importantes des législations étrangères relatives aux aliénés ; nous en arrivons maintenant, tout naturellement, à l'étude des réformes qui ont été proposées et entre lesquelles nous aurons à indiquer celles qui nous paraissent devoir appeler plus spécialement l'attention du législateur.

CHAPITRE I

PLACEMENT DANS LES ASILES

Un premier projet, dont l'auteur est M. Huc, consiste à enlever le droit de séquestration à l'autorité administrative, pour la remettre entre les mains de l'autorité judiciaire, et cela pour cette raison que, d'après les principes mêmes du droit, les tribunaux seuls sont compétents

pour prendre une décision modifiant, de quelque façon
que ce soit, la capacité civile des personnes. Ainsi,
dans les cas de placement ordinaire, la séquestration ne
pourrait avoir lieu qu'en vertu d'une ordonnance rendue
sur requête, par le président du tribunal, ordonnance
susceptible d'appel. En cas d'urgence, le préfet de police
à Paris, et les préfets dans les départements, pourraient
faire interner d'office les aliénés dangereux. En cas de
danger imminent, les commissaires de police à Paris, et
les maires dans les autres communes, pourraient prendre
toutes mesures provisoires nécessaires, à la charge d'en
référer dans les vingt-quatre heures au préfet. Dans les
deux derniers cas, le directeur de l'asile serait tenu de
saisir, dans un délai de trois jours, le président du tribunal, qui statuerait comme lorsqu'il s'agit d'un placement
ordinaire (1).

Ce projet que nous venons d'exposer ressemble, à très
peu de chose près, à ceux qui ont été proposés par
M. Tanon (2) et par M. Pierre de la Gorce (3).

Un second système, celui de M. de Crisenoy, se rapproche presque complètement du système actuel; il n'en
diffère qu'en ce qu'il exige du directeur de l'asile la notification du placement, dans les vingt-quatre heures, au
président d'une commission instituée spécialement dans
chaque département et fonctionnant sous la surveillance
d'un conseil supérieur. Dans les sept jours, un juge-com-
missaire, choisi dans le sein de cette commission, serait

----

(1) *Académie de législ. de Toulouse*, t. 18, p. 124.
(2) *Revue pratique*, t. 25, p. 427.
(3) *Revue critique*, 1871-1872, p. 112.

tenu de visiter l'aliéné et d'adresser un rapport spécial au président de la commission (1).

Dans un autre ordre d'idées, on propose de remettre le droit de séquestration entre les mains des autorités locales, du maire et plus particulièrement du juge de paix. M. Lespinasse a indiqué la procédure suivante : la requête d'admission serait présentée directement au juge de paix, qui désignerait d'office un médecin pour visiter le malade, se transporterait avec lui sur les lieux, recueillerait les renseignements et autoriserait sans retard l'internement, ou rejetterait la demande. La décision du juge de paix ne serait soumise à aucune approbation, son impartialité étant suffisamment garantie par la crainte des peines édictées par le législateur contre le crime de séquestration arbitraire, par le droit de se pourvoir devant les tribunaux accordé à l'individu interné et aux tiers, enfin par les visites, dans les établissements, prescrites par la loi à un certain nombre de magistrats et de fonctionnaires. Les raisons données à l'appui de ce système sont que nul n'est plus à même que le juge de paix de mener rapidement une enquête, de se renseigner sur les motifs de la demande, et enfin de rechercher si véritablement l'individu dont le placement est demandé est sujet à des accès de démence, et si ces accès sont assez fréquents et assez graves pour motiver un ordre de séquestration. Cette procédure aurait en outre le grand avantage de ne pas rendre publics les placements, au secret desquels les familles peuvent être quelquefois gravement intéressées (2).

---

(1) Mémoire relatif à la loi sur les aliénés, adressé à la Commission chargée d'élaborer un nouveau projet de loi. Paris, 1882.

(2) *Revue critique*, 1870, p. 239.

M. Suin, en 1867, a proposé au Sénat un projet analogue à celui que nous venons d'examiner, d'après lequel la demande d'admission, reçue par le maire, serait ensuite présentée au juge de paix, devant lequel le médecin consulté viendrait affirmer le certificat qu'il aurait délivré. Ce système aurait l'avantage, comme le précédent, de prévenir les magistrats locaux, qui peuvent le mieux et le plus rapidement rechercher s'il est ou non nécessaire que la séquestration ait lieu ; de plus que le précédent, il offrirait la garantie résultant de l'intervention du maire (1).

Dans un troisième ordre d'idées, on a recommandé l'établissement d'un jury, sans la décision duquel aucun placement dans un asile ne pourrait être opéré. En 1867, le docteur Turck, dont la pétition a été l'occasion, pour M. Suin, de faire au Sénat son très remarquable rapport, demandait qu'avant d'admettre une personne dans un asile, il fût prononcé sur son état par un jury composé d'abord du conseil de famille, et en outre d'un nombre égal de citoyens honnêtes, présidés par le juge de paix dans les cantons ruraux, et par le président du tribunal dans les villes qui ont un tribunal. Ce jury pourrait prendre toutes les informations qu'il jugerait à propos et faire toutes les recherches qui lui sembleraient nécessaires. Ce ne serait que sur le rapport fait par lui et sur sa décision formelle, que le malade serait placé dans un asile, ou mieux dans une colonie.

L'idée de donner compétence en matière de placement à un jury, a été reprise quelque temps après par MM. Gambetta et Magnin qui, à la date du 11 mars 1870, ont déposé sur le bureau du Corps législatif un projet de loi

---

(1) *Moniteur* du 3 juillet 1867.

abrogeant complètement la loi du 30 juin 1838 (1). Voici, selon ce projet, quelle serait la procédure à suivre.

La personne qui demande le placement adresse une requête au président du tribunal (art. 27). Celui-ci fait examiner le prétendu aliéné par un médecin expert et, sur son avis, déclare, ou bien qu'il n'y a pas lieu à placement et alors sa décision est immédiatement exécutoire et sans appel (art 28), ou bien que la séquestration est nécessaire. Dans ce cas alors, il convoque un jury qui se réunit dans les trois jours (article 29) et qui se compose d'un juge du tribunal de première instance, d'un des juges de paix du chef-lieu de l'arrondissement, d'un avocat ou d'un avoué, d'un notaire, d'un membre du conseil municipal, d'un médecin et de six personnes désignées par le sort sur la liste du jury criminel (art. 22). Le jury est présidé par le président du tribunal (art. 25). Le placement ne peut avoir lieu qu'à la majorité de neuf voix (article 35). La décision qui rejette le placement est sans appel. Celle qui l'autorise n'est susceptible d'être réformée que pour violation des formes prescrites par la loi ; dans ce cas, l'appel est porté devant le tribunal de première instance (art. 39).

En ce qui concerne les placements d'office, les préfets sont autorisés à demander la comparution devant le jury et le placement des personnes qu'ils soupçonnent être en état d'aliénation mentale (art 46). En cas de danger imminent, les maires et les commissaires de police peuvent prendre toutes les mesures provisoires nécessaires, mais à la charge d'en référer dans les vingt-quatre heures au président du tribunal (art. 51).

---

(1) *Journal officiel* du 19 avril 1870.

Tout d'abord nous écartons le dernier système que nous venons de signaler, et cela pour les raisons suivantes. En premier lieu, pour quel motif soumettre à la décision de simples citoyens n'ayant pas fait d'études spéciales des questions exclusivement médicales, et que des médecins seuls peuvent convenablement résoudre ? En outre, la folie est une maladie qui doit être combattue dès son début ; le retard occasionné par les formalités exigées pour la convocation, la réunion et la décision du jury, ne permettrait-il pas à la maladie de se développer, au point peut-être de devenir incurable ? Enfin, ne serait-il pas à craindre que la comparution du malade devant ce jury, composé de personnes qui lui sont étrangères, les interrogatoires qu'il faudrait lui faire subir ne donnassent d'autres résultats que de le surexciter davantage et d'aggraver encore son état ?

Nous n'acceptons pas davantage l'opinion d'après laquelle compétence devrait être accordée aux magistrats locaux, d'abord pour cette raison que la question de savoir si un individu est ou non aliéné est une question qu'ils ne peuvent résoudre ; en outre parce que le placement entraîne des conséquences trop graves en ce qui concerne la capacité de l'individu séquestré pour laisser une décision aussi importante à des magistrats n'occupant que des fonctions relativement peu élevées dans la hiérarchie, soit judiciaire, soit administrative.

Quant au système de M. de Crisenoy, nous le repoussons aussi, pour ce motif que son auteur a d'ailleurs parfaitement prévu devoir lui être opposé, que le moment serait peu opportun d'augmenter le nombre des fonctionnaires à cette époque, où beaucoup de personnes se trouvent d'accord pour penser qu'il est déjà bien excessif.

Reste donc le premier système que nous avons exposé, celui qui exige, pour qu'un placement puisse être opéré, l'ordonnance du président du tribunal, et c'est celui-là que nous adoptons avec quelques modifications, cependant. Voici donc quelle serait, selon nous, la procédure à suivre. En cas de placement volontaire, la demande devrait être adressée par requête au président du tribunal ; à la demande serait joint le certificat d'un médecin attestant l'état d'aliénation de la personne dont on sollicite le placement. Dans le plus bref délai, le président désignerait un autre médecin pour examiner le malade ; pendant ce temps il ferait lui-même une enquête qui, jointe à l'examen du médecin, lui permettrait de s'éclairer sur le véritable état du prétendu aliéné. Il statuerait ensuite, par une ordonnance exécutoire par provision, mais susceptible d'appel. En tous cas, le certificat joint à la demande et l'examen par un autre médecin seraient obligatoires. Nous voyons dans cette modification au système de M. Huc, une garantie très sérieuse en même temps que très facile à réaliser.

En cas d'urgence ou de danger imminent, nous accepterions la procédure proposée par M. Huc : toutefois nous pensons qu'il y aurait avantage à abaisser de trois jours à vingt-quatre heures le délai dans lequel le directeur de l'asile devrait saisir le président du tribunal.

CHAPITRE II

MAINTENUE ET SORTIE

En ce qui concerne la maintenue des aliénés et la surveillance des asiles, peu de critiques se sont élevées et peu de réformes ont été proposées. C'est qu'en effet les dispositions de la loi sur ce point sont bien suffisantes ; ce qui manque, c'est un texte de loi plus impératif que celui de l'art. 4, qui ne permette plus aux personnes chargées de visiter les établissements de regarder ces visites comme facultatives et de s'en dispenser la plupart du temps. On pourrait en outre souhaiter que le *visa* qui doit être apposé par les visiteurs sur le registre tenu en vertu de l'art. 12, soit remplacé par un procès-verbal détaillé que chaque fonctionnaire, après sa visite, serait tenu d'adresser à son supérieur hiérarchique.

Toutefois, le projet de la commission de la Société de législation comparée, chargée d'étudier les modifications à introduire dans la loi de 1838 et celui de M. Crisenoy, confient les visites et la surveillance des asiles à une commission permanente départementale. Ainsi que nous l'avons déjà dit, le régime indiqué entraînerait des complications qu'il serait, selon nous, facile d'éviter en modifiant simplement sur quelques points les prescriptions de la loi de 1838 et en exigeant qu'elles soient rigoureusement appliquées.

Quant aux sorties, on est en général d'accord pour conserver le mode établi par la loi du 30 juin 1838 ; pour les faciliter encore davantage, on a proposé d'y ajouter divers moyens qui varient avec les systèmes. Ainsi, M. de Crisenoy, dont le projet institue une commission départementale et un conseil supérieur, les autorise, concurremment avec certaines personnes désignées dans l'art. 47, « à se pourvoir devant le tribunal de l'arrondissement, où se trouve situé l'établissement, pour obtenir la sortie immédiate nonobstant toute opposition. »

Dans l'exposé des motifs du titre III de leur projet, MM. Gambetta et Magnin s'expriment ainsi : « Les art. 58, 61 reproduisent en grande partie les art. 13, 14, 29 de la loi du 30 juin 1838. Ils en diffèrent cependant en ce qu'ils augmentent les facilités données à une personne pour sortir d'un établissement d'aliénés : 1° Toute personne chargée de la surveillance de l'établissement et le ministère public peuvent requérir la sortie ; 2° toute autre personne et l'aliéné lui-même peuvent se pourvoir pour la faire ordonner. L'art. 62 ajoute que le jury statuera sur les sorties comme sur les placements et que la sortie aura lieu quand quatre voix sur treize se seront prononcées en ce sens... Il est aussi urgent de rendre la liberté perdue que de la laisser à ceux qui l'ont encore. »

Quant à nous, nous adoptons en principe le mode de la loi de 1838, mais en lui faisant toutefois subir quelques modifications. Ainsi, dans le cas de l'art. 14, lorsque le maire donne un ordre de sursis provisoire à la sortie, c'est au président du tribunal qu'il faudrait en référer et non plus au préfet, et ce serait à lui qu'il appartiendrait de statuer. De même, nous lui attribuerions les pouvoirs accordés au préfet par les art. 16, 20 *in fine* et 21. D'une façon générale, fidèle à notre système, nous donnerions à l'autorité judiciaire les attributions que la loi de 1838, dans les sections 1 et 2 du titre III, a confiées à l'autorité administrative. Que si on nous oppose que notre système surchargerait d'une façon excessive les fonctions de président d'un tribunal, nous répondrons d'abord qu'il s'en faut de beaucoup que tous les arrondissements possèdent des établissements d'aliénés, et que pour ceux dans lesquels il en existe, les présidents des tribunaux pourraient être autorisés, le cas échéant, à déléguer, pour les remplacer, un juge chargé plus spécialement du service des aliénés.

Enfin, nous voudrions voir établir en France un mode de sortie que nous trouvons dans la législation écossaise. Dans ce pays, où l'ordre de placement est confié à un magistrat, cet ordre n'est valable que pour trois années. A l'expiration de cette période, l'individu séquestré doit être élargi, si l'ordre n'est pas renouvelé. Lorsque, à ce moment, il n'est pas mis en liberté, l'ordre de placement doit être ensuite renouvelé d'année en année. La loi de Genève contient une disposition analogue. C'est là une excellente mesure qui ne permet pas d'oublier ou de négliger un aliéné après que son placement a été opéré.

CHAPITRE III

DISPOSITIONS RELATIVES AUX BIENS ET A LA CAPACITÉ

DE L'ALIÉNÉ

Le régime actuel, nous l'avons vu, est loin d'offrir une protection efficace aux intérêts pécuniaires des aliénés. Après avoir examiné les différentes critiques adressées sur ce point à la loi de 1838, nous avons maintenant à passer en revue les différentes réformes proposées.

D'après M. Huc, l'ordonnance du président du tribunal, autorisant le placement, devrait nommer en même temps un administrateur provisoire, comme dans le cas de l'art. 497 du Code civil. Sur la requête du directeur de l'établissement, le tribunal nommerait ensuite un curateur à qui, dès son entrée en fonctions, les pouvoirs de l'administrateur provisoire passeraient de plein droit, et qui veillerait en outre, conformément à l'art. 38 de la loi de 1838 : 1° à ce que les revenus de l'aliéné soient employés à adoucir son sort et à accélérer sa guérison ; 2° à ce que ledit individu soit rendu au libre exercice de ses droits aussitôt que sa situation le permettrait. De cette façon, il ne pourrait plus y avoir aucune difficulté relativement à la validité des actes passés par l'aliéné : les actes passés en l'absence du curateur seraient nuls, les actes faits avec son concours seraient valables.

Dans le système de M. Lespinasse, tous les pouvoirs, relativement à la gestion des biens de l'aliéné, seraient confiés à une seule personne désignée par la commission administrative parmi ses membres, si personne n'en demandait une autre, ou bien nommée par le tribunal. Ses fonctions devraient être délimitées d'une façon précise par la loi ; d'une façon générale, il conviendrait de lui accorder les mêmes pouvoirs qu'au tuteur de l'interdit. Les actes passés avec lui seraient valables sous les mêmes conditions. Les autres seraient nuls de droit.

Le projet de MM. Gambetta et Magnin laisse à l'aliéné placé la jouissance et l'exercice de ses droits. En principe donc, et jusqu'à ce qu'il soit prouvé qu'ils ont été passés dans un moment de démence, les actes passés par l'aliéné sont valables. Son interdiction peut être poursuivie, conformément au titre XI du livre I du Code civil ; toutefois, le ministère public peut toujours la provoquer d'office, et alors même que la personne placée n'est pas dans un état habituel d'imbécillité, de démence ou de fureur. Dans le cas où il y a lieu de le faire, le président du tribunal nomme, conformément à l'art. 497 du Code civil, un administrateur provisoire chargé de prendre soin de la personne et des biens de l'aliéné jusqu'au moment où l'interdiction est prononcée.

Le régime proposé par la commission de la Société de législation comparée se rapproche du régime actuel. Il conserve l'administrateur provisoire judiciaire (art. 31) et l'administrateur provisoire légal (art. 32) ; mais il donne beaucoup plus d'étendue à leurs pouvoirs ; en particulier, il leur permet expressément d'accepter avec l'autorisation du conseil de famille et sous bénéfice d'inventaire, toute succession échue à l'aliéné et de provoquer un partage ou de répondre à une demande en partage. Mais aussi il exige d'eux des garanties considérables dans l'intérêt des aliénés, en les obligeant à rendre compte chaque année de leur administration à la commission permanente.

Le projet de M. de Crisenoy ne diffère pas beaucoup non plus du système de la loi de 1838. L'auteur de ce projet semble d'ailleurs avoir négligé quelque peu les questions concernant les biens des aliénés, pour s'occuper plus spécialement de celles qui sont relatives à leur personne. Il conserve aussi l'administrateur provisoire judiciaire (art. 58) et l'administrateur provisoire légal, qui doit être un membre de la commission départementale (art. 56) ; il donne à cette dernière le droit d'autoriser, le cas échéant, à conserver, sous sa surveillance, la gestion de tout ou partie des biens du malade, le conjoint, les parents ou grands-parents, les enfants ou petits-enfants, les frères ou sœurs (art. 57). Le conseil supérieur peut toujours provoquer l'interdiction d'une personne qui se trouve dans le cas prévu par l'art. 489 du Code civil, lorsqu'il estime que la personne y a intérêt (art. 54). En cas d'interdiction, le tuteur est tenu de rendre compte annuellement de la tutelle dont il est chargé (art. 55).

MM. Tanon et Pierre de la Gorce se sont rencontrés presque en tous points dans le système qu'ils proposent relativement à la gestion des biens des aliénés. Ce système, qui au fond ne diffère pas beaucoup de ceux qui ont été proposés par MM. Gambetta et Magnin et M. Huc, est celui auquel nous nous rallions parce que de tous, c'est celui qui nous a paru le plus clair, le moins compliqué. Voici en quoi il consiste. Dans les premiers moments de sa séquestration et pendant un certain délai que le législateur aurait à déterminer, l'aliéné serait soumis à une sorte de demi-interdiction ; ses biens seraient confiés à un administrateur provisoire possédant les plus larges pouvoirs d'administration et pouvant être autorisé par le tribunal à faire les actes d'administration nécessaires. A l'expiration du délai fixé, et lorsque le malade n'aurait pas recouvré la raison, il serait alors procédé à son interdiction judiciaire aux termes du droit commun, et un tuteur définitif serait nommé par le tribunal. Comme complément à ce système, nous demanderions que la procédure en interdiction fût simplifiée et entraînât à des frais moins considérables.

CHAPITRE IV

ALIÉNÉS DÉTENUS, ACCUSÉS OU ACQUITTÉS

La loi du 30 juin 1838 ne s'est pas occupée de cette catégorie d'aliénés. Il y a là une omission regrettable et qu'il importe de combler le plus tôt possible.

Nous croyons, avec la commission de la Société de législation comparée, que pour ces aliénés il serait nécessaire de créer des asiles spéciaux, comme en Angleterre, ou tout au moins des quartiers spéciaux dans les asiles.

Pour les détenus frappés de démence, ils y seraient transférés après enquête faite par l'administration et sur le certificat délivré par deux médecins.

Quant aux aliénés inculpés qui, par suite de leur état de démence, ont bénéficié d'une ordonnance de non-lieu, la Chambre d'accusation pourrait, suivant les circonstances, suivant la gravité des faits, ordonner ou non leur placement dans les asiles spéciaux. Lorsque la démence n'aurait pas été suffisamment établie pour motiver une ordonnance de non-lieu et qu'il serait procédé à un débat criminel, le jury devrait être consulté sur le point de savoir si oui ou non le crime a été commis pendant un accès de démence ; en cas de réponse affirmative, la Cour prononcerait l'acquittement et pourrait ordonner la séquestration de l'accusé dans un des asiles réservés aux aliénés criminels.

La sortie ne pourrait avoir lieu que sur une décision de la Chambre d'accusation, après enquête et sur le certificat de deux médecins.

POSITIONS

DROIT ROMAIN

I. — L'accession n'était pas, en droit romain, un mode d'acquérir la propriété.

II. — Dans la loi 7, § 2, XLI, 1, il faut lire : « Ex eo tempore videntur meo fundo adquisitæ esse », et non : « Ex eo tempore videtur meo fundo adquisita esse. »

III. — Le lit d'un fleuve est la propriété des riverains.

IV. — La considération à laquelle a obéi le législateur romain en empêchant la démolition d'un édifice, dans le cas de constructions faites par une personne sur son terrain avec les matériaux d'autrui, est une considération d'économie politique.

V. — Dans la même hypothèse, l'action *in duplum* était accordée au propriétaire des matériaux, soit qu'il s'agit de *tignum furtivum*, soit qu'il s'agit de *tignum non furtivum*.

VI. — Le constructeur de bonne foi qui ne possède plus, dans le cas de constructions faites par lui avec ses propres matériaux sur le terrain d'autrui, n'a plus, dans la rigueur du droit romain, aucun recours contre le propriétaire du sol, pour se faire tenir compte de ses dépenses.

VII. — La décision donnée par Justinien dans la dernière partie du paragraphe XXV des Institutes, ne s'applique que dans les cas où la *nova species* ne peut être rendue à sa forme primitive.

VIII. — Dans le paragraphe XXVI des Institutes, il faut lire : « Quibusdam possessoribus » et non pas : » Quibusque possessoribus. »

DROIT COUTUMIER

I. — Dans les questions relatives au mariage, le juge ecclésiastique n'était compétent que pour juger les questions de validité ; les autres questions devaient être soumises au juge civil.

II. — Ce n'est ni dans le droit romain, ni dans les coutumes gauloises, mais dans le droit germanique, qu'il faut rechercher l'origine du régime de communauté.

DROIT FRANÇAIS

I. — Les causes d'excuse, d'incapacité, d'exclusion et de destitution du curateur à la personne d'un aliéné, sont, à part le cas d'incapacité indiqué expressément dans l'art. 38 de la loi du 30 juin 1838, abandonnées à l'appréciation des tribunaux.

II. — L'aliéné ne peut provoquer lui-même la nomination d'un administrateur provisoire pour la gestion de ses biens.

III. — Lorsque l'administrateur provisoire des biens de l'aliéné est un administrateur *désigné par la loi*, les significations à faire à l'aliéné peuvent être faites à la personne ou à domicile.

IV. — Les biens de l'administrateur provisoire ne peuvent être grevés d'une hypothèque, qu'autant qu'il s'agit d'un administrateur *judiciaire*. Dans ce cas même, l'hypothèque ne peut être constituée que par le jugement qui nomme l'administrateur ; elle ne pourrait l'être par un jugement subséquent.

VI. — L'inscription de l'hypothèque, constituée par le jugement sur les biens de l'administrateur, peut être requise par les personnes désignées en l'art. 2139 du Code civil.

VII. — Le renouvellement de ses fonctions, au bout de trois ans, n'est pas obligatoire pour l'administrateur provisoire.

VIII. — L'acte passé par un aliéné, pendant sa séquestration, doit être présumé valable.

DROIT ADMINISTRATIF

I. — L'exercice des actions concernant un asile public d'aliénés est confié au préfet du département où il est situé, et non pas au directeur de cet asile.

II. — Tout individu peut, sous l'empire de la loi du 30 juin 1838, requérir le placement d'une personne quelconque dans un établissement d'aliénés, à la seule condition de présenter un certificat de médecin au chef de cet établissement.

DROIT CRIMINEL

I. — Lorsque l'accusé, après l'annulation de l'arrêt de contumace, est soumis aux débats et qu'il dénie son identité, la constatation de cette identité doit se faire sans l'assistance des jurés.

II. — Le tribunal ne peut pas modérer, par l'application de l'art. 463 du Code pénal, la peine prononcée par l'art. 30 de la loi du 30 juin 1838.

III. — La question de démence ne peut pas être posée au jury criminel.

DROIT DES GENS

I. — L'art. 21 de la loi du 24 juillet 1867, qui a abrogé l'article 37 du Code de commerce, n'a pas abrogé la loi du 30 mai 1857.

Lorsque l'exécution d'un jugement rendu à l'étranger est demandée en France, le tribunal français n'a pas à apprécier au fond ce jugement, si c'est contre un étranger qu'il a été rendu ; si c'est contre un Français, ce droit d'appréciation doit lui être accordé.

Vu par le Doyen :

Nancy, le 8 janvier 1883.

E. LEDERLIN.

Vu par le Président de l'acte public,

Nancy, le 6 janvier 1883.

R. BLONDEL.

Vu et permis d'imprimer :

Le Recteur,

E. MOURIN.

TABLE DES MATIÈRES

Nancy. — Imp. Nancéienne, 1, rue de la Pépinière. Direct. : Gébhart.